Der Erbwortschatz der nachischen Sprachen im Kaukasus

Tschetschenisch, Inguschisch, Batsisch/Zowa-Thuschisch

Heinz Fähnrich

Reichert Verlag

Bibliografische Information der Deutschen Nationalbibliothek

Die Deutsche Nationalbibliothek verzeichnet diese Publikation in der Deutschen Nationalbibliografie; detaillierte bibliografische Daten sind im Internet über http://dnb.ddb.de abrufbar.

ISBN: 978-3-7520-0527-1
eISBN: 978-3-7520-0223-2
https://doi.org/ 10.29091/9783752002232
www.reichert-verlag.de

INHALT

VORWORT

Als nachische Sprachen bezeichnet man drei eng miteinander verwandte Sprachen, die im zentralen Nordkaukasus beheimatet sind: Tschetschenisch, Inguschisch und Batsisch. Synonym wurden für die nachischen Sprachen zu verschiedenen Zeiten und von verschiedenen Forschern auch andere Bezeichnungen verwendet: Ghilghische Sprachen, Tschetschenische Sprachen, Wainachische Sprachen, Tschetscheno-Inguschische Sprachen, Kistische Sprachen, Kistisch-Batsische Sprachen und Batsisch-Kistische Sprachen. In der Gegenwart ist der Terminus „nachische Sprachen" gebräuchlich.

Tschetschenisch und Inguschisch sind Literatursprachen, die sich so nahe stehen, daß sich die Sprecher ohne Mühe verständigen können. Sie verkörpern also eigentlich Dialekte ein und derselben Sprache. Dagegen ist das im Zowata-Gebiet der georgischen Provinz Tuschetien beheimatete und heute im kachischen Alwani gesprochene schriftlose Batsisch (oder Zowa-Thuschisch) stärker von den beiden anderen entfernt. Während die Tschetschenen und Inguschen etwa eine Million Sprecher ausmachen, umfaßt die batsische Sprachgemeinschaft weniger als 2500 Menschen, und ihre Sprecherzahl ist rückläufig.

Die nachischen Sprachen bilden einen Zweig der nachisch-daghestanischen oder ostkaukasischen Familie, deren Vertreter im zentralen Nord- und in Ostkaukasien ansässig sind. Zu dieser Sprachfamilie zählen heute folgende Einzelsprachen und Gruppen: Awarisch, Andische Gruppe (Andisch, Botlichisch, Ghodoberisch, Tschamalalisch, Bagulalisch, Tindisch, Karatisch, Achwachisch), Didoische Gruppe (Didoisch, Chwarschisch, Hinuchisch, Beshitisch, Hunsibisch), Nachische Gruppe (Tschetschenisch, Inguschisch, Batsisch), Lakisch, Dargisch (oder die dargischen Sprachen) und Udisch, Artschibisch und Chinalughisch sowie die Lesgische Gruppe (Lesgisch, Tabasaranisch, Aghulisch, Rutulisch, Zachurisch, Krysisch, Buduchisch).

In verwandtschaftlicher Hinsicht steht den nachischen Sprachen das Lakische am nächsten. Der nachische Zweig der nachisch-daghestanischen Familie und die lakische Sprache weisen so starke lexikalische, morphonologische und morphologische Gemeinsamkeiten auf, daß sie nur dadurch zu erklären sind, daß zwischen ihnen ursprünglich ein engeres genetisches Verhältnis bestand als zwischen diesen Sprachen und den Sprachen der awaro-andischen Gruppierung und der lesgischen Gruppe.

Die nächstverwandten Sprachen der nachisch-lakischen Gruppierung sind die didoischen einerseits und das Dargisch-Udische sowie das Artschibisch-Chinalughische andererseits.

Im Vokalismus weisen die nachischen Sprachen eine starke Vielfalt auf. Sie verfügen über labialisierte und nichtlabialisierte Vokale, besitzen palatalisierte und nichtpalatalisierte, lange und kurze Vokale, Umlaute und Diphthonge. Das Konsonantensystem ist dem der Kartwelsprachen ähnlich: Es gliedert die Verschlußlaute und Affrikaten der Artikulationsart nach in Dreiergruppen (stimmhaft, stimmlos, stimmlos abruptiv) und die Spiranten in Zweiergruppen (stimmhaft, stimmlos).

Die nachischen Sprachen haben entwickelte Konjugationssysteme und ausgeprägte vokalische und konsonantische Ablauterscheinungen. Tschetschenisch und Inguschisch besitzen eine Klassenkonjugation, nur das Batsische geht unter dem Einfluß der georgischen Sprache zur Personenkonjugation über. Tschetschenisch und Inguschisch unterscheiden sechs, die batsische Sprache acht Nominalklassen. In der Syntax wird scharf zwischen der Ergativkonstruktion bei transitiven Verben und der Nominativkonstruktion bei intransitiven Verben getrennt.

Die außerordentliche Nähe der phonologischen Systeme der nachischen Sprachen und der südkaukasischen Kartwelsprachen (Georgisch, Mingrelisch, Lasisch, Swanisch) beruht auf ihrer langen Nachbarschaft und der gegenseitigen Beeinflussung und ist wohl als Adstraterscheinung aufzufassen. Im Gegensatz zu den awaro-ando-didoischen Sprachen und dem Artschibischen ist der in der nachisch-daghestanischen Familie zu beobachtende Delateralisierungsprozeß im Nachischen sehr weit fortgeschritten (nur die batsische Sprache besitzt noch den lateralen Spiranten lʽ) und hat zur Bildung ähnlicher Konsonantengruppen geführt wie in den Kartwelsprachen. Wie die Kartwelsprachen verfügen die nachischen Sprachen kaum noch über intensive Konsonanten und haben den Kartwelsprachen vergleichbare harmonische Komplexe entwickelt.

Die lexikalischen Interferenzen zwischen den Kartwelsprachen und den nachischen Sprachen sind sehr auffällig und betreffen beide Seiten. Einerseits haben die nachischen Sprachen Material aus den Kartwelsprachen entlehnt, andererseits haben auch die Kartwelsprachen Wortgut aus den nachischen Sprachen aufgenommen.

Das georg. Wort *are* „Gegend, Bereich, Gebiet, Feld“ steht in den Kartwelsprachen etymologisch isoliert und ist wohl als Entlehnung aus dem Nachischen zu betrachten, vgl. tsch. *ārje* „Ort, Feld, Ebene“, ing. *ārje* „Ort, Feld, Ebene“.

In ähnlicher Weise wurde das Verb georg. *tesva* „säen“, mingr. *tasua* „säen“, las. *ptasum* „ich säe“ schon in der Zeit der georg.-san. Grundsprache aus dem Nachischen (vgl. tsch. *tasa* „säen, bestreuen, werfen“, ing. *tas:a* „säen, bestreuen, werfen“, bats. *tasar* „hinabwerfen, abwerfen“) entlehnt.

Lehnwörter aus nachischen Sprachen sind auch georg. *borcvi* „Hügel“ (vgl. tsch. *barz*, ing. *boarʒ*, bats. *borc* „Hügel“), georg. *šori* „fern, weit“ (vgl. tsch. *šṻra*, ing. *šera*, *šora*, bats. *šorī̃* „weit, breit“), georg. *nič̣i* „Begabung, Fähigkeit“ (vgl. tsch. *nic̣q̇* „Kraft, Macht“, ing. *niǯ* „Kraft, Macht“, bats. *nic̣q̇* „Kraft, Stärke, Vermögen, Können, Fähigkeit“), swan. *dal* „Wild- und Jagdgöttin“ (vgl. tsch. *dēla*, ing. *däla*, bats. *dal*, *dalĕ* „Gott“), georg. *bage* „Lippe“ (vgl. tsch. *baga*, ing. *bage*, bats. *bak* „Mund“), swan. *māre* „Mann“ und georg. *sṭu-mar-i* „Gast“ (vgl. tsch. *mājra*, ing. *mār*, bats. *mar* „Ehemann"; tsch. *stē* „Ehefrau", *stū* „Fürstin", ing. *sū* „Fürstin", bats. *psṭu* „Ehefrau"), georg. *xe* „Baum"(vgl. tsch. *xjen* „Balken, Stamm, Baum", ing. *xi* „Baum, Klotz", bats. *xẽ* „Baum") und andere.

Aber auch aus den Kartwelsprachen haben zahlreiche Lehnwörter in die nachischen Sprachen Eingang gefunden: tsch. *ǯωäla*, ing. *ǯωali* „Hund" (vgl. georg. *ʒayli*, mingr. *ǯoγori*, las. *ǯoγori*, swan. *žaγ*, *žeγ* „Hund"), tsch. *xerx*, ing. *xerx* „Säge" (vgl. georg. *xerxi*, mingr. *xorxi* „Säge", las. *oxorxu* „Sägen"), tsch. *kotam*, ing. *kotam* „Huhn" (vgl. georg. *katami*, mingr. *kotomi*, las. *kotume*, swan. *katal* „Huhn"), tsch. *rēç̣a* „Falle [für Vögel und Wildtiere]" (vgl. georg. *ireç̣i* „Falle", gur. *irenç̣ḳa*, imer. *iranç̣ḳa* „Falle"), tsch. *ǯωāra*, ing. *ǯωarg* „Heiligtum, Kreuz" (vgl. georg. *ǯvari* „Heiligtum, Kreuz") und viele andere, darunter wohl auch solch weit verbreitete und aus zahlreichen anderen Sprachfamilien bekannte Kultur- und Wanderwörter wie tsch. *mangal*, ing. *mangal* „Sense" (vgl. georg. *mangali/namgali* „Sichel") u. a., wobei in einer Reihe von Fällen schwer zu ermitteln ist, ob es sich bei dem aufgeführten Wortgut um nachische Erblexik oder um Entlehnungen handelt.

Als Erbwortschatz wurden lexikalische Einheiten aufgenommen, wenn sie in zwei der drei nachischen Sprachen belegt sind. Beispielsweise wurden tsch. *mölq̇a* und ing. *melωa* „Eidechse" als Erbwörter aufgeführt, obwohl die bats. Sprache dieses Wort durch das entsprechende georgische ersetzt hat und verwandtes Material in der nach.-dagh. Familie nur noch im Udischen vorkommt: ud. *me:l* „Maus". Dagegen wurden Wörter nicht aufgenommen, wenn sie im Nachischen in nur einer Sprache belegt sind, auch wenn sie in anderen Sprachen der nach.-dagh. Familie gut belegbar sind: bats. *guguṭ* „Kuckuck" (vgl. besh. *kukuṭo*, huns. *ḳuḳuṭo*, darg. *gegut*, bud. *guguṭ* „Kuckuck") und bats. *sṭabŏ* „Herbst" (vgl. and. *sibiru* „Herbst", tscham. *cib* „Winter", kar. *c:ibero* „Winter", did. *sebi* „Herbst").

Hingegen sind Tabu-Wörter, auch wenn ihr Zusammenhang mit anderem Wortgut offenkundig ist, mit einbezogen, z. B. tsch. *läḥa*, ing. *leḥa*, bats. *laḥ* „Schlange" (vgl. awar. *lah:* „Ruß", botl. *laj* „Ruß", kar. *laji* „Ruß", lak. *luḥ:-* „dunkel, böse, verhaßt", rut. *ləx˜də* „schwarz", krys. *läωä*, *läh:ä* „schwarz", bud. *laωa* „schwarz") und tsch. *bŏxalla*, ing. *bωexal* „Schlange" (vgl. tsch. *bŏxa* „schmutzig", ing. *bωexa* „schmutzig"; awar. *borox˜* „Schlange", and. *berča*, botl. *berka*, kar. *beka*, did. *bikori*, besh. *bekala*, huns. *begala* „Schlange").

Der Konsonantismus der nachischen Sprachen läßt sich in den Grundzügen durch folgendes Schema darstellen:

	Explosiva u. Affrikaten					Spiranten			Sonore
	sth.	stl.	stl.i.	abr.	abr.i.	sth.	stl.	stl.i.	
labial	b	p		ṗ		v,w			m
dental	d	t	t:	ṭ	ṭ:				n
präalv.	ʒ	c		ç		z	s	s:	r
postalv.	ǯ	č		ç̌		ž	š		
lateral							lʿ		l, l:
palatal						j			
prävelar	g	k		ḳ		γ	x	x:	
postvelar		q	q:	q̇	q̇:				
pharyngal	ʿ					ω	ḥ		
laryngal				ʾ			h		

Verwendete Abkürzungen

abr.	abruptiv
achw.	achwachisch
aghul.	aghulisch
artsch.	artschibisch
awar.	awarisch
bag.	bagulalisch
bats.	batsisch
besh.	beshitisch
botl.	botlichisch
bud.	buduchisch
chin.	chinalughisch
chwarsch.	chwarschisch
darg.	dargisch
did.	didoisch
georg.	georgisch
georg.-san.	georgisch-sanisch
ghod.	ghodoberisch
gur.	gurisch
hin.	hinuchisch
huns.	hunsibisch
i.	intensiv
imer.	imerisch
ing.	inguschisch
K	wechselndes Klassenzeichen
kar.	karatisch
kartw.	kartwelisch
krys.	krysisch
lak.	lakisch
las.	lasisch
lesg.	lesgisch
mingr.	mingrelisch
nach.	nachisch
nach.-dagh.	nachisch-daghestanisch
postalv.	postalveolar
präalv.	präalveolar
rut.	rutulisch
san.	sanisch
sth.	stimmhaft
stl.	stimmlos
swan.	swanisch
tab.	tabasaranisch
tind.	tindisch
tsch.	tschetschenisch
tscham.	tschamalalisch
ud.	udisch
zach.	zachurisch

WORTSCHATZ-VERZEICHNIS

a

tsch. *K-aa* „essen“
ing. *K-aa* „essen“
bats. *K-aq̇ar* „essen, speisen“

tsch. *K-aga* „besticken, verzieren“
ing. *K-aga* „besticken, verzieren“

tsch. *aḥa* „mahlen“
ing. *aḥa* „mahlen“
bats. *aḥar* „mahlen“

tsch. *K-aḥa* „fortschleppen, forttragen“
ing. *K-aḥa* „fortschleppen, forttragen“
bats. *K-aḥar* „wegnehmen“

tsch. *K-aḥō* „erfroren sein, erfrieren“
ing. *K-oḥabe* „erfroren sein, erfrieren“

tsch. *aja* „heben“
ing. *ajda* „heben“

tsch. *K-aja* „verlieren“
ing. *K-oa-K-e* „verlieren“
bats. *K-av-K-ar* „verlieren“

tsch. *K-ajn* „leicht“ [an Gewicht]
ing. *K-aj* „leicht“
bats. *K-avĩ* „leicht“

tsch. *K-ala* „sterben, verrecken“
ing. *K-ala* „sterben, verenden“
bats. *K-alar* „sterben“

tsch. *K-ala* „geben“
ing. *K-ala* „geben“
bats. *K-al'ar* „geben“

tsch. *alxa* „(Wolle) kämmen, hecheln“
ing. *alxa* „(Wolle) kämmen, hecheln“

tsch. *K-alxō* „sich beklagen“
ing. *K-olxa-K-e* „sich beklagen“

tsch. *an* „Gliederschmerzen, Reißen, Rheuma“
ing. *a* „Gliederschmerzen, Reißen, Rheuma“
bats. *ã* „Steifwerden durch Rheuma“

tsch. *K-an* „machen, tun, bauen“
ing. *K-e* „machen, tun“
bats. *K-ar* „schaffen, machen, gebären“

tsch. *K-aqa* „saugen, nuckeln“
ing. *K-aqa* „saugen, nuckeln“
bats. *K-aqar* „saugen“

tsch. *K-aq:a* „entziehen, abnehmen, wegnehmen“
ing. *K-aq:a* „entziehen, abnehmen, wegnehmen“
bats. *K-aqar* „wegnehmen, herausnehmen, herausziehen“

tsch. *arc* „waldbewachsener Nordabhang eines Berges“
ing. *orc* „waldbewachsener Nordabhang eines Berges“

tsch. *arq̇al* „rücklings, auf dem Rücken“
ing. *arq̇al* „rücklings, auf dem Rücken“
bats. *aq̇rĕ* „rücklings, auf dem Rücken“

tsch. *K-arsta* „dick werden, zunehmen“
ing. *K-arsta* „dick werden, zunehmen“
bats. *K-arsṭ-K-ar* „mästen“

tsch. *K-arža* „sich ausbreiten“
ing. *K-arža* „sich ausbreiten“
bats. *K-aržar* „sich ausbreiten, sich verstreuen“

tsch. *K-asta* „lösen, aufbinden, zertrennen, aufknüpfen"
ing. *K-asta* „lösen, aufbinden, zertrennen, aufknüpfen"
bats. *K-asṭar* „lösen, losbinden, öffnen"

tsch. *K-aša* „tauen, schmelzen"
ing. *K-aša* „tauen, schmelzen"
bats. *K-ašar* „tauen, schmelzen, zergehen, zerlaufen"

tsch. *K-ata* „gerinnen, erstarren"
ing. *K-ata* „gerinnen, erstarren"
bats. *l-atar* „gerinnen, erstarren"

tsch. *K-atō* „glattwalzen, ebnen, (nieder-)schlagen"
ing. *to'a-K-e* „glattwalzen, ebnen, (nieder-)schlagen"
bats. *atar* „zerstoßen, zerdrücken, zerstampfen"

tsch. *at:a* „leicht, einfach, nicht schwierig"
ing. *at:a* „leicht, einfach, nicht schwierig"
bats. *aṭ:ẽ* „leicht, einfach, nicht schwierig"

tsch. *K-at:a* „backen, braten"
ing. *K-at:a* „backen, braten"
bats. *K-at:ar* „backen, braten"

tsch. *avst* „einjährige Ziege"
ing. *oasta* „einjährige Ziege"

tsch. *ax* „Hälfte"
ing. *ax* „Hälfte"
bats. *ax* „Hälfte"

tsch. *K-axa* „trunken werden"
ing. *K-axa* „trunken werden"
bats. *K-axar* „sich betrinken, trunken werden"

tsch. *K-axa* „gehen, laufen, fahren, fliegen"
ing. *K-axa* „gehen, laufen, fahren, fliegen"
bats. *K-axar* „fortgehen"

tsch. *axk* „verschwinden, verlorengehen"
ing. *axk* „verschwinden, verlorengehen"

bats. *axḳe* „verschwinden, verlorengehen“
tsch. *axk* „Bergfluß“
bats. *xḳe* „Schlucht, Kluft“

tsch. *axka* „graben“
ing. *axka* „graben“
bats. *axḳã* „graben, wühlen“, *exḳar* „graben, umgraben“

tsch. *K-axka* „kommen [Plural]“
bats. *K-axḳar* „kommen, herkommen“

tsch. *K-axka-K-ala* „verfaulen, vermodern, verwesen, verrotten“
ing. *K-oxka-K-ala* „verfaulen, vermodern, verwesen, verrotten“
bats. *K-axḳ-K-alar* „faulen, verrotten“

tsch. *axkarg* „Harnblase“
ing. *axkarg* „Harnblase“
bats. *xḳor* „Harnblase“

tsch. *az* „Geräusch, Laut, Stimme“
ing. *oaz* „Geräusch, Laut, Stimme“

tsch. *K-a'a* „kastrieren, beschneiden“
ing. *K-a'a* „kastrieren, beschneiden“

tsch. *K-a'a* „winden“
ing. *K-a'a* „winden“

tsch. *K-āca* „weiden“
ing. *K-aca* „weiden“
bats. *K-acar* „mähen“

tsch. *āga* „Wiege“
ing. *aga* „Wiege“
(?) bats. *agila* „Bett“

tsch. *āga* „aushöhlen, meißeln“
ing. *aga* „aushöhlen, meißeln“

tsch. *K-āga, K-āgō* „verbrennen, brennen“
ing. *K-aga, K-waga-K-e* „verbrennen, brennen“

bats. *aḳar* „brennen", *K-aḳar* „brennen, verbrennen"

tsch. *āla* „sagen, aussprechen"
ing. *āla* „sagen, aussprechen"
bats. *al'ar* „sagen, sprechen"

tsch. *K-āla* „beenden, wachsen, schießen"
ing. *K-āla* „beenden, wachsen, schießen"

tsch. *K-ālō* „hinführen, hinbringen"
ing. *K-oala-K-e* „hinführen, hinbringen"

tsch. *ālu* „Flamme"
ing. *ala* „Flamme"

tsch. *ālxa, ǟlxa* „Wetzstein, Schleifstein"
ing. *ālxa, ǟlxa* „Wetzstein, Schleifstein"
bats. *atxĕ, atx* „Wetzstein, Schleifstein"

tsch. *K-ān* „erscheinen, kommen, gehen, folgen"
ing. *K-ān* „erscheinen, kommen, gehen, folgen"
bats. *K-a'ar* „kommen"

tsch. *K-ān* „bringen"
ing. *K-ān* „bringen"
bats. *K-a'ar* „herbringen"

tsch. *K-ān* „verlieren, abhanden kommen, verschwinden"
ing. *K-ān* „verlieren, abhanden kommen, verschwinden"

tsch. *āna* „Horizont"
ing. *ān* „Horizont"

tsch. *āpari* „Mühlgraben"
ing. *ip, apar* „Mühlgraben"

tsch. *āqa* „wild", *ēqa* „Wild"
ing. *aqa* „wild", *äqa* „Wild"
bats. *aqsa* „wild", *aqĕ* „Wild"

tsch. *āqa* „rächen, vergelten, heimzahlen"

ing. *K-eqa* „rächen, vergelten, heimzahlen“
bats. *aqar* „begleichen, bezahlen“

tsch. *d-āq̇a* „Teil, Bruchstück“
ing. *d-āq̇a* „Teil, Bruchstück“
bats. *aq̇ar* „teilen, trennen“, *d-aq̇/d-āq̇* „Los, Anteil“

tsch. *āra* „nach außen/draußen“
ing. *ara* „nach außen/draußen“

tsch. *K-āra* „zuschneiden, zerschneiden, zerhauen“
ing. *K-ar-K-a* „zuschneiden, zerschneiden, zerhauen“

tsch. *āra* „zerstampfen, zerstoßen, dreschen, zermahlen“
ing. *arda* „zerstampfen, zerstoßen, zermahlen“
bats. *arlar* „dreschen“

tsch. *ārjē* „Ort, Feld, Ebene“
ing. *ārje* „Ort, Feld, Ebene“

tsch. *āsa* „Riemen, Gürtel, Band“
ing. *oasa* „Riemen, Gürtel, Band“
bats. *asŏ* „Riemen, Gürtel“

tsch. *āsar* „jäten“
ing. *oasar* „jäten“

tsch. *K-āša* „rasieren, scheren“
ing. *K-āša* „rasieren, scheren“
bats. *K-āšar* „rasieren, scheren“, *K-ašinŏ* „rasiert, geschoren“

tsch. *āta* „zerkrümeln, zerstoßen, zermalmen“
ing. *ata* „zerkrümeln, zerstoßen, zermalmen“
bats. *atar* „zerstoßen, zerdrücken, zerstampfen“

tsch. *ātaγje* „Tal, Flußniederung“
ing. *ātaγa* „Tal, Flußniederung“

tsch. *K-āṭa* „sich spalten, bersten, platzen, aufplatzen“
ing. *K-aṭa* „sich spalten, bersten, platzen, aufplatzen“
bats. *K-aṭar* „platzen, zerspringen, zerbrechen“

tsch. *āxã* „pflügen“, *ōxana* „Pflügen, Ackern“
ing. *āxã* „pflügen“, *oaxam* „Pflügen, Ackern“
bats. *axar* „pflügen“

tsch. *K-āxa* „leben, wohnen“
ing. *K-axa* „leben, wohnen“
bats. *K-āxar* „leben, wohnen“

tsch. *K-āxa* „herausziehen, erwerben, verlangen“
ing. *K-āxa* „herausziehen, erwerben, verlangen“
bats. *K-āxar* „herausnehmen, herausziehen, wegnehmen“

tsch. *K-āža* „weiden“
ing. *K-aža* „weiden“
bats. *K-ažar* „weiden, grasen“

tsch. *āγwō, āγū* „Seite“
ing. *oaγū* „Seite“

tsch. *ärga* „grün, unreif“
ing. *ärga* „grün, unreif“
bats. *arḳẽ* „grün, unreif“

tsch. *ärrū* „links“
ing. *ärda, ärdu* „links“
bats. *arlĩ* „linker“

tsch. *ärʒu* „Adler“
ing. *ärʒi* „Adler“
(vgl. bats. *arçiv* „Adler“ < georg. < nach.-dagh.)

tsch. *ästa* „Dachsbeil, Dechsel“
ing. *äst* „Dachsbeil, Dechsel“
bats. *asṭĩ* „Dachsbeil, Dechsel“

tsch. *K-äs:a* „leer, hohl“
ing. *K-äs:a* „leer, hohl“
bats. *K-asẽ* „leer, hohl“

tsch. *ät:ū* „rechter“
ing. *ät:a* „rechter“

bats. *aṭ:ĩ* „rechter“

tsch. *äxkjē* „Sommer“
ing. *axka* „Sommer“
bats. *xḳo* „Sommer“

tsch. *ǟ-K-an, ē-K-an* „mischen, vermischen“
ing. *ǟ-K-e, ē-K-e* „mischen, vermischen“
bats. *eg-K-ar* „mischen, vermischen“

tsch. *ǟḥa, ēḥa* „stecken, zustecken“
bats. *aḥ-K-ar* „heimlich hineinbringen“, *K-aḥar* „herbringen“

tsch. *ǟsa, ēsa* „Kalb“
ing. *ωasa* „Kalb“
bats. *āsĕ* „Kalb“

tsch. *ǟšō, ēšō* „überwinden, bezwingen, besiegen“
ing. *ǟša-K-e* „überwinden, bezwingen, besiegen“

b

ing. *bada* „Waise“
bats. *bad, badŏ* „Waise“

tsch. *baga* „Mund“
ing. *bage* „Mund“
bats. *bak* „Mund“

tsch. *baga* „Kiefer [Baum]“
ing. *baga* „Kienspan“
bats. *biḳõ* „Kienspan“

tsch. *baj* „Wiese“
ing. *baj* „Wiese

tsch. *balda* „Lippe“
ing. *bword* „Lippe“

tsch. *baq̇* „wahr“
ing. *boq̇o* „Wahrheit“
bats. *baq̇e’* „wirklich, wahr, wahrhaftig, tatsächlich“

tsch. *baq̇ē* „Vorderseite, Frontseite“
ing. *baq̇aḥe* „Vorderseite, Frontseite“

tsch. *bargal* „Schmutzklümpchen im Tierhaar“
bats. *barḳal* „Strähne unbrauchbarer Wolle“

tsch. *barh* „acht“
ing. *barh* „acht“
bats. *barl’* „acht“

tsch. *bart* „Mund, Lippen“
ing. *bart* „Mund, Lippen“
bats. *baṭr* „Lippe“

tsch. *barz* „Hügel“
ing. *boarʒ* Hügel“

tsch. *basje* „Sonnenseite des Berges“
ing. *bosje* „Sonnenseite des Berges“

tsch. *bat* „Schnauze, Maul“
ing. *bat* „Schnauze, Maul“

tsch. *baza* „Beereneibe, Fichte“
ing. *baza* „Beereneibe“

tsch. *ba’* „Klette“
ing. *ba’* „Klette“
bats. *baḥ* „Klette“

tsch. *bāloz* „Wachs“
ing. *boaloz* „Wachs“

tsch. *bāǯa* „Schwager“
ing. *baǯa* „Schwager“
bats. *baǯ* „Schwager“

tsch. *bäc:ara, bēca* „grün"
ing. *bäc:ara, bäca* „grün"

tsch. *bäḥa* „Holzschaufel"
ing. *baḥa* „Holzschaufel"

tsch. *beda* „Lehmdach, Decke des Raumes"
ing. *bada* „Lehmdach, Decke des Raumes"

tsch. *bedar* „Kleidung"
ing. *bedar* „Vogelfeder"

tsch. *bel* „Spaten"
ing. *bel* „Spaten"

tsch. *belš* „Schulter"
ing. *belaž* „Schulter"
bats. *bali* „Schultern"

tsch. *ben* „Nest"
ing. *bωi* „Nest"
bats. *bẽ* „Nest, Bau"

tsch. *beq* „Felljacke, Pelzjacke"
ing. *beq* „Felljacke, Pelzjacke"

tsch. *beq̇a* „Fohlen"
ing. *baq̇* „Fohlen"
bats. *baq̇ŏ* „Fohlen"

tsch. *berg* „Huf"
ing. *barg* „Huf"

tsch. *besnje* „Wange"
ing. *basilg* „Wange"

tsch. *beš* „Garten"
ing. *beš* „Garten"

tsch. *bexk* „Schuld"
ing. *bexk* „Schuld"

bats. *bexḳ* „Schuld“

tsch. *bežan* „Vieh, Rinderherde“, *baža* „Hornvieh, Herde“
ing. *bežan* „Hornvieh“, *boža* „Herde von Großvieh“
bats. *bžã* „Vieh, Rinder“

tsch. *bēr, bjer* „Kind“
ing. *ber, bjer* „Kind“
bats. *bader* „Kind“

tsch. *bid* „Kot“
ing. *bid* „Kot“
bats. *biṭ* „Kot“

tsch. *biši* „Kinderhändchen“
ing. *buši* „Kinderhändchen“

tsch. *bjerd* „Abhang, Ufer, Steilhang“
ing. *bjerd* „Abhang, Ufer, Steilhang“

tsch. *bog* „Beule, Auswuchs“
ing. *bog* „Beule, Auswuchs“
bats. *bωagal* „Warze“

tsch. *borš* „Jungstier“
ing. *borš* „Jungstier“
bats. *borš* „Jungstier“

tsch. *boršam* „Schlamm, Drecklache“
ing. *barš* „Schlamm, Drecklache“

tsch. *bōda* „Dunkelheit“
ing. *boad* „Dunkelheit“

tsch. *bōra* „braun“
ing. *bora* „braun“

tsch. *bŏ̈* „Bergknoblauch“
bats. *bo* „Knoblauch“

tsch. *bŏ̈ra* „Schlucht, Tal“

ing. *bjer, ber* „Schlucht, Tal“

tsch. *bŏxa* „schmutzig“
ing. *bωexa* „schmutzig“

tsch. *bŏxalla* „Schlange“
ing. *bωexal* „Schlange“

tsch. *buc* „Gras“
ing. *buc* „Grasart“
bats. *buc* „Gras“

tsch. *bud* „Vulva“
ing. *bud* „Vulva“
bats. *buṭ:* „Vulva“

tsch. *buḥ, boḥ* „Gipfel, Höhe, oberer Teil“
ing. *buḥ* „Gipfel, Höhe, oberer Teil“

tsch. *buj* „Faust“
ing. *bī* „Faust“
bats. *buj* „Faust, Handvoll“

tsch. *bumbari* „Hummel, Hornisse, Käfer“
ing. *bumbarg* „Hummel, Hornisse, Käfer“
bats. *buwdar* „summen“

tsch. *bun, bũ* „Hütte“
ing. *bu* „Hütte“

tsch. *buq̇* „Rücken“
ing. *buq̇* „Rücken“
bats. *buq̇* „Rücken, Taille, Hüfte“

tsch. *butū* „hart, fest, zäh, dicht“
ing. *butū* „hart, fest, zäh, dicht“

tsch. *but:* „Mond, Monat“
ing. *but:* „Mond, Monat“
bats. *but:* „Mond, Monat“

tsch. *bux* „Grund, Boden“
ing. *bux* „Grund, Boden“
bats. *bux* „Grund, Rest“

tsch. *büḥig* „Zicklein“
ing. *bωīg* „Zicklein“
bats. *boḥ* „Zicklein“

tsch. *büjra* „Dotter, Eidotter, Eigelb“
ing. *beli* „Dotter, Eidotter, Eigelb“

tsch. *bürtig* „Korn, Beere“
ing. *bürtig* „Korn, Beere“

tsch. *bǖda* „feucht, roh, ungebacken“
ing. *bīda* „naß, feucht, roh, ungebacken“
bats. *boṭĩ* „unreif, roh, ungebacken, schliffig“

tsch. *bǖjsa* „Nacht“
ing. *bīsa* „Nacht“
bats. *bujsa* „Nacht“

tsch. *bwō* „Waise“
ing. *bwo* „Waise“

tsch. *bwod* „Teig“
ing. *bod* „Teig“
bats. *boṭ* „Teig“

tsch. *bwolam* „Schulter vom Arm bis zum Hals“
ing. *bolam* „Schulter vom Arm bis zum Hals“

tsch. *bwolx* „Arbeit“
ing. *bolx, bwolx* „Arbeit“
bats. *botx* „Arbeit“

tsch. *bworc* „Hirse“
ing. *bworc* „Hirse“
bats. *borc* „Hirse“

tsch. *bworz* „Wolf“

ing. *borʒ* „Wolf“
bats. *bωorç̣* „Wolf“

tsch. *bwos* „Farbe“
ing. *bwos* „Farbe“
bats. *bos* „Farbe“

tsch. *bwot:* „Scheide, Waffenscheide“
ing. *bwot:* „Scheide, Waffenscheide“
bats. *bot:* „Scheide, Waffenscheide, Futteral“

tsch. *bwož* „Ziegenbock“
ing. *bwoǯ* „Ziegenbock“
bats. *bωoḳ* „Ziegenbock“

tsch. *bwōga* „tiefer Teller, Schüssel“
ing. *bwoga* „tiefer Teller, Schüssel“

tsch. *bωal* „Klumpen, Scholle“
ing. *boal* „Klumpen, Scholle“
bats. *bωog* „Erdscholle, Brachland, Neuland“

tsch. *bωar* „Blick“, *bωar-ç̣ẽ* „blind“
ing. *bωara-ḥaǯar* „Blick“
bats. *bωar-ʒa* „blind“

tsch. *bωar, bωāra* „Nuß“
ing. *bωār* „Nuß“

tsch. *bωarʒa* „Maultier“
ing. *bωarʒa* „Maultier“
bats. *bωarç̣õ* „Maultier“

tsch. *bωärg* „Auge“
ing. *bωarg* „Auge“
bats. *bωarḳ* „Auge“

tsch. *bωästē* „Frühling“
ing. *bωästi* „Frühling“

tsch. *bωeωig* „Filz“

ing. *bωeωing* „Filz“

tsch. *bωē* „hundert“
ing. *bωä* „hundert“

tsch. *bωo* „Heer, Truppen“
ing. *bωov* „Wehrturm“
bats. *bωo* „Heer“

tsch. *bωoba* „Schreckgespenst“
ing. *bωobi* „Schreckgespenst“

tsch. *bωosta* „Schaft [einer Axt]“
ing. *bωastam* „Schaft [einer Axt]“

tsch. *bωōγam* „Hügel, Stützpfeiler“
ing. *bωoaγa* „Hügel, Stützpfeiler“
bats. boγur „Pfahl, Pfosten“

c

tsch. *ca* „nicht“
ing. *ca* „nicht“
bats. *co* „nicht, nein“

tsch. *ca* „Zahn [des Pferdes]“
ing. *ca* „Zahn [des Pferdes]“

tsch. *caca* „Sieb, Seiher“
ing. *caca* „Sieb, Seiher“
bats. *cac* „Sieb, Seiher“

tsch. *cerg* „Zahn“
ing. *carg* „Zahn“
bats. *carḳ* „Zahn“

tsch. *cḥa’* „eins“
ing. *ca’* „eins“
bats. *cḥa, cḥa’* „eins, ein, einzig“

tsch. *c̣hwōgal* „Fuchs“
ing. *coagal* „Fuchs“
bats. *coḳal* „Fuchs“

tsch. *cincaš* „Spritzer, Tropfen“
ing. *cicxaš* „Spritzer, Tropfen“

tsch. *cicig* „Katze“
ing. *cisk* „Katze“
bats. *cic* „Katze“

tsch. *cu* „gestoßenes Mehl“
ing. *cu* „gestoßenes Mehl“
bats. *cu* „gestoßenes Mehl“

tsch. *c̣a* „Haus“
ing. *c̣a* „Haus“
bats. *c̣a* „Haus“

tsch. *c̣asta* „Kupfer“
ing. *c̣asta* „Kupfer“
bats. *c̣asṭ* „Kupfer“

tsch. *c̣e* „Feuer“
ing. *c̣i* „Feuer“
bats. *c̣e* „Feuer“

tsch. *c̣e* „Name“
ing. *c̣i* „Name“
bats. *c̣e* „Name“

tsch. *c̣ecajoq:urg* „Wiesel“
ing. *cicxolg* „Ratte“

tsch. *c̣eḳega* „Tauwetter“
ing. *c̣erḳäga* „Tauwetter“

tsch. *c̣ena* „rein, sauber“, *c̣ano* „Sauberkeit“
ing. *c̣ena* „rein, sauber“, *c̣ano* „Sauberkeit“
bats. *c̣ajnĭ* „rein, sauber“, *c̣anol* „Sauberkeit“

tsch. *ҫet:a* „als Trophäe genommene abgeschlagene rechte Hand (Kopf, Ohr) des getöteten Feindes"
bats. *ҫet:* „Name, Ruhm"

tsch. *ҫēn* „rot"
ing. *ҫe* „rot"
bats. *ҫegẽ* „rot"

tsch. *ҫina* „neu"
ing. *ҫena* „neu"
bats. *ҫinĭ* „neu"

tsch. *ҫintō* „Widder, älter als ein Jahr"
ing. *ҫuntō* „Widder, älter als ein Jahr"
bats. *ҫinŏ* „weibliches Schaf, anderthalb Jahre alt"

tsch. *ҫī* „Blut"
ing. *ҫī* „Blut"
bats. *ҫig* „Blut"

tsch. *ҫīza* „kreischen, winseln"
ing. *ҫūza* „kreischen, winseln"

tsch. *ҫoҫq̇am* „Braue"
ing. *ҫaҫq̇am* „Braue"

tsch. *ҫonga* „Nabel"
ing. *ҫong* „Nabel"

tsch. *ҫoq̇berg* „Irbis, Schneeleopard, Luchs"
ing. *ҫoq̇* „Irbis, Schneeleopard, Luchs"

tsch. *ҫov* „Garbe"
ing. *ҫov* „Garbe"

tsch. *ҫoz* „Heuschrecke"
ing. *ҫoʒ* „Heuschrecke"

tsch. *ҫoγa* „Lärm"
ing. *ҫoγa* „Lärm"

tsch. *çq̇a* „einst“
ing. *çaq:a* „einst“

tsch. *çwoga* „Schwanz“
ing. *çwog* „Schwanz“
bats. *çoḳ* „Schwanz“, *çoŭḳŭ* „kurzer Schwanz“, *çawḳŭ* „kurzer Schwanz“

tsch. *çwōka* „Fell, Flaum“
ing. *çoka* „Fell, Flaum“

tsch. *çub-K-an* „saugen“
bats. *çuṗ-K-ar* „saugen, nuckeln“

tsch. *çuna dečig* „eine Art Buschwerk“
ing. *çon* „eine Art Buschwerk“

tsch. *çū* „Gottheit“
ing. *çuw* „Priester“
bats. *çīb* „Gott“

tsch. *çūn* „Schmutz, Jauche, Urin“
ing. *çun* „Jauche“
bats. *çur* „Kuhurin, Kuhharn“

tsch. *ča* „Bär“
ing. *ča* „Bär“
bats. *ča* „Bär“

tsch. *ča* „Stroh“
ing. *ča* „Stroh“

tsch. *čeq* „ganz, völlig“
ing. *čaq* „ganz, völlig“

tsch. *čexka* „schnell“
ing. *čexka* „schnell“

tsch. *čē* „Brustgegend, Achselhöhle“
ing. *če* „Brustgegend, Achselhöhle“
bats. *čila* „Brustgegend“

tsch. *čḥäwrig* „Schabe, Küchenschabe"
ing. *čoapilg* „Schabe, Küchenschabe"

tsch. *čič* „Hautschuppen, Kopfschuppen"
ing. *čič* „Hautschuppen, Kopfschuppen"

tsch. *čim* „Asche, Flocke"
ing. *čil* „Asche, Flocke"
bats. *čim* „Asche"

tsch. *čiš* „Urin"
ing. *čiš* „Urin"

tsch. *čoḥ-* Verbalpräfix mit der Bedeutung „innerhalb, in, darin"
ing. *ču-* Verbalpräfix mit der Bedeutung „in, hinein"
bats. *čujḥ* „innen, innerhalb", *čuḥe'* „zu Hause, drinnen"

tsch. *čopa* „Schaum"
ing. *čop* „Schaum"

tsch. *čov* „Wunde"
ing. *čov* „Wunde"

tsch. *čovka* „Saatkrähe"
ing. *čḥovka* „Saatkrähe"

tsch. *čōla* „grau"
ing. *čoala* „rotgrau"

tsch. *čuxa* „Lamm"
bats. *čujxĭ* „Lamm"

tsch. *čüḥa* „Käsemolke, Käselake"
ing. *čuḥi* „Käsemolke, Käselake"

tsch. *čürk* „Mücke"
ing. *čurk* „ein Insekt"

tsch. *čǖna* „Durchfall"
ing. *čen* „Durchfall"

tsch. *čūraš* „Eingeweide, Gedärm, Innereien“
ing. *čuraš* „Eingeweide, Gedärm, Innereien“
bats. *čurendaḥ* „von innen“

tsch. *čwo* „Fell, Haar“
ing. *čwo* „Fell, Haar“
bats. *čo* „Fell, Haar, Wolle, Pelz“

tsch. *čwoxčam* „Knorpel“
ing. *čačxam* „Knorpel“
bats. *čxamčxam* „Knorpel“

tsch. *čwož* „Leistengegend“
ing. *čoaž* „Leistengegend“

tsch. *čwō* „Inneres, Magen“
ing. *čje* „Inneres, Magen“
bats. *čuv* „Pansen, Dickbauch, Eingeweide“

tsch. *čxar* „Stein, Steinblock, Steinschutt, Bruchstein“
ing. *čxari, čxar* „Steinblock, Steinschutt, Bruchstein, Fels“

tsch. *ç̌až, ç̌wož* „Schlucht, Felsenge“
ing. *ç̌oǯ, ç̌woǯ* „Schlucht, Felsenge“

tsch. *ç̌āra* „Fisch“
ing. *ç̌q̇ära* „Fisch“
bats. *ç̌arĕ, ç̌ār* „Fisch“

tsch. *ç̌āγa* „schließen, zuschließen“, *ç̌aγ-K-an* „hart machen, festigen“
ing. *ç̌oaγ-K-e* „festigen“
bats. *ç̌ωaγ-K-ar* „hart machen, festigen; schließen, zuschließen; einsperren, festhalten“

tsch. *ç̌enig* „Kinn“
ing. *ç̌ang* „Kinn“
bats. *ç̌aniḳ* „Kinn“

tsch. *ç̌enig* „Knospe“
ing. *ç̌onak* „Knospe“

tsch. *ç̣erg* „Dachbalken“
ing. *ç̣arga* „Dachbalken“
bats. *ç̣arḳẽ* „kurzer Stock“

tsch. *ç̣eγardig* „Schwalbe“
ing. *ç̣agarg* „Schwalbe“

tsch. *ç̣ēga* „Schloß“
ing. *ç̣ega* „Schloß“
bats. *ç̣eḳ* „Riegel“

tsch. *ç̣ēpalg* „Fladen, Plätzchen“
ing. *ç̣äpilg* „Fladen, Plätzchen“

tsch. *ç̣im* „Waldkerbel“
ing. *ç̣im* „Waldkerbel“
bats. *ç̣im* „Waldkerbel“

tsch. *ç̣ȫ* „Kornspeicher“
ing. *ḳe* „Kornspeicher“

tsch. *ç̣q̇wor* „Haut“
ing. *ç̣q̇or* „Haut“
bats. *ç̣ar* „Haut“

tsch. *ç̣ug* „Haken“
ing. *ç̣ug, ç̣ugilg* „Haken“

tsch. *ç̣ū* „Ladestock, Weberschiffchen, Spule“
ing. *ç̣ī* „Ladestock, Weberschiffchen, Spule“
bats. *ç̣uj* „Stricknadel“

tsch. *ç̣woda* „Schere für die Schafschur“
ing. *ç̣oad* „Schere für die Schafschur“

tsch. *ç̣wož* „Mund“
ing. *ç̣woǯ* „Mund“
bats. *ç̣oç̣* „Mund, Rachen“

tsch. *ç̣wōγa* „fest, hart, laut, steil“
ing. *ç̣oaγa* „fest, hart, laut, steil“

bats. *ç̣ωaγõ* „fest, hart, stark, beständig“

d

tsch. *daga* „Beilstiel“
ing. *doggwo* „Beilstiel“

tsch. *dak* „Salweide“
ing. *daka* „Salweide“
bats. *dakŏ* „Salweide“

tsch. *daq* „Birke“
ing. *daq* „Birke“

tsch. *daq̇a* „Leiche“
ing. *daq̇a* „Leiche“
bats. *daq̇ŏ* „Leiche, Leichnam“

tsch. *darc* „Sturm, Unwetter“
ing. *darʒ* „Sturm, Unwetter“
bats. *darc* „Schneesturm“

tsch. *daš* „Blei“
ing. *daš* Blei“

tsch. *dat:a* „Eberesche“
ing. *dat:a* „Eberesche“
bats. *tat:* „Eberesche“

tsch. *dat:a* „Schmalz“
ing. *dät:a* „Schmalz“
bats. *dat:ẽ* „Schmalz, Kochbutter“

tsch. *daxka* „Maus, Ratte“
ing. *daxka* „Maus“
bats. *daxḳŏ* „Maus“

tsch. *da’* „Geschwür, eiternde Wunde“
ing. *da’* „Geschwür, eiternde Wunde“

bats. *dωa'* „Wunde, Narbe“

tsch. *dā* „Vater“
ing. *dā* „Vater“
bats. *dad* „Vater“

tsch. *dāq̇a* „Teil“
ing. *dāq̇a* „Teil“
bats. *daq̇, dāq̇* „Teil, Anteil, Los“

tsch. *däxni* „Vieh“
ing. *doaxan* „Vieh“
bats. *daxnĕ* „Vieh“

tsch. *dä'axk* „Knochen“
ing. *ṭexk* „Knochen“

tsch. *de, dje* „Tag“
ing. *di* „Tag“
bats. *de* „Tag“, *dina'* „täglich“

tsch. *dečig* „Holz“
ing. *daxča* „Holz“
bats. *dačxar* „Reisig; dünnes, trockenes Holzscheit“

tsch. *derz* „Nieselregen“
ing. *darʒ, darz* „Nieselregen“
bats. *dārçol* „Unwetter“

tsch. *deši* „Gold“
ing. *došū* „Gold“

tsch. *deti* „Silber“
ing. *dotū* „Silber“
bats. *ṭateb* „Silber“

tsch. *deγ, djeγ* „Körper, Leib“
ing. *deγ, djeγ* „Körper, Leib“
bats. *deγ* „Körper, Leib“

tsch. *dēca* „Tante“

ing. *dăcī* „Tante“

tsch. *dēḥa* „jenseits“
ing. *deḥa* „jenseits“

tsch. *dēla* „Gott“
ing. *däla* „Gott“
bats. *dal, dalĕ* „Gott“

tsch. *dēra* „böse, zornig“
ing. *darxa* „böse, zornig“

tsch. *dig* „Beil“
ing. *dig* „Beil“
bats. *diḳ* „Beil“

tsch. *dika* „gut“
ing. *dika* „gut“
bats. *dakĩ* „gut“

tsch. *dilx* „Fleisch“
ing. *dulx* „Fleisch“
bats. *ditx* „Fleisch“

tsch. *din* „Pferd“
ing. *di, də* „Pferd“
bats. *do, dõ* „Pferd“

tsch. *dinbuxka* „Schlüsselbein“
ing. *denbexk* „Schlüsselbein“

tsch. *dirša* „hornloses Tier“
ing. *darš* „hornloses Tier“

tsch. *dit:* „Schneide, Klinge“
ing. *dit:* „Schneide, Klinge“

tsch. *dit:* „Maulbeerbaum“
ing. *dat:* „Maulbeerbaum“

tsch. *dīna* „lebend, lebendig“

ing. *dīna* „lebend, lebendig"
bats. *dejni, deni', dīnĭ* „lebend, lebendig, ganz, gesund"

tsch. *djēba* „sich vermehren"
ing. *djēba* „sich vermehren"

tsch. *dol* „Elle"
ing. *dol* „Elle"
bats. *dol* „Elle"

tsch. *dos* „Holz", *dosbux* „Platz zum Holzhacken"
ing. *dos, doas* „Holz, Feuerholz"
bats. *dos* „Holz, Brennholz, Feuerholz"

tsch. *doš* „Wort"
ing. *doš* „Wort"
bats. *doš* „Wort"

tsch. *dot:aγ* „Freund"
ing. *dot:aγa* „Freund"

tsch. *doxk* „Nebel"
ing. *doxk* „Nebel"
bats. *doxḳ* „Wolke"

tsch. *do'ax* „Leber"
ing. *dīxk* „Leber"
bats. *dωe'* „Leber"

tsch. *dō* „gewebter Korb"
ing. *doa* „gewebter Korb"

tsch. *dōγa, dωōγa* „Riegel, Schlüssel, Schloß"
ing. *dωoaγa* „Schlüssel"

tsch. *döxka* „Gurt, Gürtel"
ing. *ṭexkar* „Gurt, Gürtel"
bats. *duxḳã* „Gürtel [der Frau]"

tsch. *dŏla* „Zahnfleisch"
ing. *dol* „Zahnfleisch"

tsch. *duga* „Reis, Hafergrütze"
ing. *duga* „Reis, Hafergrütze"

tsch. *duj* „Eid"
ing. *dū, duv* „Eid"
bats. *dib* „Eid"

tsch. *duqa* „viel"
ing. *duqa* „viel"
bats. *duq* „viel"

tsch. *duq̇* „Gebirge"
ing. *duq̇* „Gebirge"
bats. *duq̇* „Gebirge"

tsch. *duq̇* „Joch"
ing. *duq̇* „Joch"

tsch. *düra* „salzig"
ing. *dira* „salzig"
bats. *durĩ* „salzig"

tsch. *dwog* „Herz"
ing. *dwog* „Herz"
bats. *doḳ* „Herz"

tsch. *dwoγ, doγa* „Regen"
ing. *dwoγ, doγa* „Regen"
bats. *dωa* „Regenflut, Wassersturz"

tsch. *dwōʒa* „Grenze"
ing. *doaʒū* „Grenze"

tsch. *dωa-* Präverb: „fort, weg"
ing. *dωa-* Präverb: „fort, weg"

tsch. *dωama* „Keil"
ing. *dωam* „Keil"

tsch. *dωā* „jener"
ing. *dωa* „jener"

bats. *daḥ* „jener“

e

tsch. *eḥ* „Scham“
ing. *eḥ* „Scham“

tsch. *K-el:a, K-jel:a* „öffnen“
ing. *K-el:a* „öffnen“

tsch. *eq:a* „springen, zerspringen, bersten, platzen“
ing. *eq:a* „springen, zerspringen, bersten, platzen“
bats. *eq:ar* „hinüberspringen“

tsch. *eq:ō* „treiben, hinaustreiben, hinausjagen, vertreiben“
ing. *eq:a-K-e* „treiben, hinaustreiben, hinausjagen, vertreiben“

tsch. *K-eq̇a* „trocken“
ing. *K-eq̇a* „trocken“
bats. *K-aq̇ĩ* „trocken“

tsch. *er* „Jagdhund, Windhund“
ing. *er* „Jagdhund“

tsch. *erz* „Schilf“
ing. *erz* „Schilf“

tsch. *K-erʒa* „sich drehen/wenden, umkehren, sich verwandeln“
ing. *K-erʒa-K-e* „drehen, wenden“
bats. *K-erçar* „sich drehen, sich wenden“, *K-erç̣-K-ar* „drehen, wenden, umkehren lassen“

tsch. *K-erʒina* „nackt, bloß“
ing. *K-erʒana* „nackt, bloß“
bats. *K-arç̣inŏ* „nackt, bloß“

tsch. *etka* „Stiefel“
ing. *ik:* „Stiefel“

tsch. *K-et:a* „melken; klatschen, schlagen"
ing. *K-et:a* „melken; schlagen"
bats. *K-et:ar* „melken; schlagen"

tsch. *K-exka, K-jexka* „binden, anbinden, zubinden, umgürten"
ing. *dωa-K-exka* „binden, anbinden, zubinden, umgürten"
bats. *K-exḳar* „anbinden, zubinden"

tsch. *K-eʒa* „schwer"
ing. *K-eʒa* „schwer"
bats. *K-aç̣ĩ* „schwer"

tsch. *ēca* „nehmen, kaufen"
ing. *eca* „nehmen, kaufen"
bats. *ecar* „erhalten, bekommen, nehmen, kaufen"

tsch. *ēčig* „Eisen"
ing. *äšk* „Eisen"
bats. *'ajhḳĭ* „Eisen"

tsch. *-ēga* „fallen, herabfallen"
bats. *K-eḳar* „herabfallen", *aḳar* „fallen, herabfallen"

tsch. *K-ēka, K-jēka* „tönen, klingen, klirren, girren"
ing. *K-eka, K-jeka* „tönen, klingen, klirren, girren"
bats. *K-ekar* „rufen, schreien"

tsch. *ēla, ǟla* „Fürst, Herr, Gebieter"
ing. *ǟla* „Fürst, Herr, Gebieter"
bats. *ālĕ* „Herr"

tsch. *K-ēla, K-jēla* „lachen, lächeln"
ing. *K-ela, K-jela* „lachen, lächeln"
bats. *K-elar* „lachen"

tsch. *K-ēlxa, K-jēlxã* „ausweinen, weinen, schluchzen, ausgießen, ausschütten"
ing. *K-elxa, K-jelxa* „ausweinen, weinen, schluchzen"
bats. *K-etxar* „weinen"

tsch. *K-ēn* „töten"
ing. *K-e* „töten"

bats. *'avar* „töten, schlachten“

tsch. *ēqa* „aufheitern, aufklaren“
ing. *ēqa* „aufheitern, aufklaren“

tsch. *ēq̇a* „Steinplatte, flacher Stein“
ing. *'äq̇a* „Steinplatte, flacher Stein“
bats. *ajq̇ĭ* „Schieferplatte“

tsch. *ēsala* „sanft, mild“
ing. *äsala* „sanft, mild“

tsch. *ēša* „nicht genügen“
ing. *eša* „nicht genügen“
bats. *ešar* „fehlen, mangeln“

tsch. *K-ēša, K-jēša* „lernen, lesen“
ing. *K-eša, K-ješa* „lernen, lesen“

tsch. *ēṭō* „rupfen, zerreißen, spalten“
ing. *eṭ:a-K-e* „rupfen, zerreißen, spalten“
bats. *eṭ-K-ar* „zerreißen, zerfetzen, zerschlagen“

tsch. *K-ēxa, K-jēxa* „bitten, freien“
ing. *K-exa, K-jexa* „bitten, freien“
bats. *K-exar* „bitten, freien“

tsch. *K-ēxa* „dünn, lang“
ing. *K-ωäxa* „dünn, lang“
bats. *K-ax:ẽ* „lang“

tsch. *ēxang* „Wollfaden, Garn“
ing. *äxing* „Wollfaden, Garn“
bats. *ajxnĭ* „gesponnener Faden, Gewebe“

tsch. *ēγa* „sich zanken, streiten“
ing. *eγa* „sich zanken, streiten“
bats. *eγar* „kaputtgehen, verwirrt werden“

g

tsch. *ga* „Zweig, Ast“
ing. *ga* „Zweig, Ast“
bats. *gav* „Strähne“

tsch. *gaj, gē* „Bauch“
ing. *gīg* „Bauch“
bats. *gaga’* „Bauch, Magen“

tsch. *gajta* „zeigen“
ing. *gojta* „zeigen“

ing. *gala* „Klumpen“
bats. *galã* „Klumpen“

tsch. *gam* „Scharre, Hacke“
ing. *gam* „Scharre, Hacke“
bats. *gam* „Gerät zum Löffelschnitzen“

tsch. *gan* „erblicken, sehen“
ing. *gan* „erblicken, sehen“
bats. *guar* „sehen, ansehen“

tsch. *gāki* „Kleines, Kindchen“
ing. *gaki* „Kleines, Kindchen“

tsch. *gāra* „Stück eines Baumstamms, Klotz“
ing. *gar* „Stück eines Baumstamms, Klotz“

tsch. *gāza* „Ziege“
ing. *gaza* „Ziege“
bats. *gazã* „Ziege“

tsch. *geč-K-an* „verzeihen, vergeben“
ing. *geč-K-e* „verzeihen, vergeben“

tsch. *gema* „Wurfspieß“
ing. *gemi* „Wurfspieß“

tsch. *gerga* „nahe, in der Nähe“
ing. *garga* „nahe, in der Nähe“
bats. *garg* „nahe, in der Nähe“

tsch. *gezig* „Spinne“
ing. *gizg* „Spinne“

tsch. *gēna* „fern“
ing. *gäna* „fern“

tsch. *gērig* „Scherbe, Splitter, Bruchstück“
ing. *garg* „Scherbe, Splitter, Bruchstück“

tsch. *giba, gib* „Krug, Tonkessel“
ing. *giba* „Topf, Tonkessel“

tsch. *gila* „mager, dürr“
ing. *gila* „mager, dürr“

tsch. *girda* „großes Meßgefäß“
ing. *gerd* „großes Meßgefäß“

tsch. *girz* „Krätze“
ing. *girʒ* „Krätze“

tsch. *gjerz* „Waffe“
ing. *gjerʒ* „Waffe“
bats. *gerç* „Waffe“

tsch. *gjēčwō* „Furt“
ing. *gječū* „Furt“

tsch. *gora* „Bremse, Pferdebremse“
ing. *gora, gor* „Bremse, Pferdebremse“

tsch. *gorgali* „Glocke“
ing. *gurgal* „Glocke“

tsch. *gorgam* „Scheuerlappen“
ing. *germi* „Scheuerlappen“

tsch. *got:a* „eng, schmal“
ing. *got:a* „eng, schmal“
bats. *kot:ĩ* „eng, schmal“

tsch. *gowʒa* „geschickt, erfahren“
ing. *gowʒa* „geschickt, erfahren“

tsch. *gōnaxa* „ringsum“
ing. *gonaxa, gonaḥa* „ringsum“

tsch. *guču-K-aq:a* „zeigen, offenbaren, zu erkennen geben“
ing. *guču-K-aq:a* „zeigen, offenbaren, zu erkennen geben“
bats. *gu-K-aqar* „zeigen, offenbaren, zu erkennen geben“

tsch. *guj* „Kübel, Trog“
ing. *gī* „Kübel, Trog“

tsch. *gul* „Kloben, Klotz“
ing. *gul* „Kloben, Klotz“
bats. *gul* „Klumpen“

tsch. *gū* „Hügel, Kurgan“
ing. *gū* „Hügel, Kurgan“

tsch. *gǖre* „Herbst“
ing. *gura* „Herbst“

tsch. *gworga* „rund“
ing. *gerga* „rund“
bats. *gogrĩ* „rund“

tsch. *gwō* „Kreis“
ing. *gwō* „Kreis“
bats. *gogŏ* „Ring, Reif“

tsch. *gwōla* „Ellbogen, Knie“
ing. *gwo* „Ellbogen, Knie“
bats. *gaŭgŭ* „Knie“

tsch. *gwōma* „krumm“
ing. *goama* „krumm“
bats. *gamõ* „krumm, uneben“, *gam-K-ar* „krümmen, biegen“

h

tsch. *ha’* „ja“
ing. *haa* „ja“
bats. *ha’* „ja“

tsch. *hinca* „jetzt“
ing. *hanʒ* „jetzt“
bats. *inc* „jetzt“

tsch. *hoa* „Ei“
ing. *fu’* „Ei“

tsch. *hor* „jeder“
ing. *hara* „jeder“

tsch. *hora* „schwaches, erschöpftes Tier“
ing. *wor* „schwaches, erschöpftes Tier“

tsch. *hō* „frische Luft, Windzug“
ing. *fo* „frische Luft, Windzug“

tsch. *hu* „Same“
ing. *fu* „Same“
bats. *huv* „Same, Kern, Samenkorn“

tsch. *hu* „was“
ing. *fu* „was“

tsch. *hword* „Meer“
ing. *fword* „Meer“

tsch. *hwost* „Zeichen, Mal“
ing. *fwost* „Zeichen, Mal“

tsch. *hwot:a* „stehenbleiben, stehen, sich stellen, aufstellen, anhalten“
ing. *wot:a* „stehenbleiben, stehen, sich stellen, anhalten“
bats. *ot:ar* „stehenbleiben, haltmachen“, *et:-K-ar* „hinstellen, aufstellen, anhalten“

tsch. *ḥa* „wer“ (Ergativ)
ing. *ḥa* „wer“ (Ergativ)
bats. *ḥa* „wer“ (Ergativ)

tsch. *ḥab-K-an* „zukneifen, schließen“
bats. *ḥaṗ-K-ar* „schließen, zusammenfalten, zusammenballen“

tsch. *ḥacar* „Schweiß“
ing. *ḥocar* „Schweiß“

tsch. *ḥada* „laufen, sich stürzen, losrennen“
ing. *ḥada, ḥeda* „laufen, sich stürzen, losrennen“
bats. *ḥeṭar* „fortlaufen, eilen, losrennen“

tsch. *ḥaga* „dürsten, einen starken Wunsch empfinden, neidisch sein“, *ḥag-K-ala* „dürsten“
ing. *ḥog-K-ala* „dürsten“
bats. *xaḳ-K-alar* „Durst bekommen, dürsten“, *xawḳ-K-ar/xowḳ-K-ar* „Durst haben, dürsten“

tsch. *ḥala* „nach oben, hinauf“
ing. *ḥal* „nach oben, hinauf“
bats. *ḥal* „nach oben, hinauf, empor“

tsch. *ḥalxa* „vor, anfangs, zuerst, früher“
ing. *ḥalxa* „vor, anfangs, zuerst, früher“
bats. *ḥatx* „vor, zuerst, früher“

tsch. *ḥamc* „Mispel“
ing. *ḥamisk* „Mispel“

tsch. *ḥaqa* „beschmieren, einschmieren, bestreichen; abwischen“
ing. *ḥaqa* „beschmieren, einschmieren“
bats. *ḥaqsaqar* „leicht bestreichen; flüchtig kehren/fegen“, *ḥeqar* „aufstreichen, bestreichen, daraufschmieren“

tsch. *ḥaqa* „mähen, zerhauen, sägen“

ing. *ḥaqa* „sägen“

tsch. *ḥaqa* „Schwein“
ing. *ḥaqa* „Schwein“
bats. *qa* „Schwein“

tsch. *ḥaqolg* „Knöchel“
ing. *ḥaqing* „Knöchel“

tsch. *ḥarča* „sich schlingen, sich winden“
ing. *ḥarča* „sich schlingen, sich winden“
bats. *ḥarčar* „umarmen, umfassen“

tsch. *ḥarγa* „Dohle, Rabe“
ing. *ḥarγa* „Dohle, Rabe“
bats. *ḥaγar* „Rabe“

tsch. *ḥast, ḥwost* „Quelle“
ing. *ḥast* „Quelle“

tsch. *ḥasta, ḥesta* „liebkosen“
ing. *ḥasta, ḥesta* „liebkosen“

tsch. *ḥaṭq̇a* „Urin“
bats. *ḥajṭq̇* „Urin, Harn“

tsch. *ḥaxa* „schmieren, verputzen, streichen, bestreichen“
ing. *ḥaxa* „schmieren, verputzen, streichen, bestreichen“

tsch. *ḥaž* „Stirn“
ing. *ḥaǯa* „Stirn“
bats. *ḥaḳ* „Stirn“

tsch. *ḥaǯa* „schauen, ansehen, anblicken“
ing. *ḥaǯa* „schauen, ansehen, anblicken“
bats. *ḥaç̌ar* „schauen, ansehen, betrachten“

tsch. *ḥaγ* „Feindschaft“
bats. *ḥaγ* „Neid, Rivalität“

tsch. *ḥāša* „Gast“

ing. *ḥāša* „Gast“
bats. *ḥaš* „Gast“

tsch. *ḥät:* „Lawine“
bats. *ḥeṭ:* „Lawine“

tsch. *ḥät:* „Flechte, Grind, Ekzem“
ing. *ḥet:* „Flechte, Grind, Ekzem“

tsch. *ḥäwxjē* „schattiger Berghang“
ing. *ḥowxe* „schattiger Berghang“

tsch. *ḥer* „Mühle“
ing. *ḥajra* „Mühle“
bats. *ḥajrĭ* „Mühle, Mehl“

tsch. *ḥet:* „Tenne, Dreschboden“
ing. *ḥet:* „Tenne, Dreschboden“

tsch. *ḥex* „Höhle, Grotte“
ing. *ḥaxar, ḥaγar* „Höhle, Grotte“
bats. *ḥex* „Höhle“

tsch. *ḥex* „Steinbock“
ing. *ḥaγ* „Steinbock“
bats. *ḥax* „Steinbock“

tsch. *ḥē* „Hirn“
ing. *ḥoa* „Hirn“
bats. *ḥad* „Hirn“

tsch. *ḥēlī* „Rinder, Kühe“
ing. *ḥälī* „Rinder, Kühe“

tsch. *ḥēn* „kneten, quetschen, weich machen, stampfen“
ing. *ḥē* „kneten, quetschen“
bats. *ḥevar* „stampfen, bearbeiten, geschmeidig machen, kneten, drücken“

tsch. *ḥēna* „fettig, schmierig, ölig“
ing. *ḥäna* „fettig, schmierig, ölig“

tsch. *ḥēqa* „wehen, drücken, reiben, streichen“
ing. *ḥeqa, ḥeq* „wehen, drücken, reiben, streichen“
bats. *ḥeqar* „wehen, drücken, reiben, streichen“

tsch. *ḥēxa* „lernen, lehren“
ing. *ḥexa* „lernen, lehren“

tsch. *ḥīʒa* „sich drehen, sich bewegen“
ing. *ḥūʒa* „sich drehen, sich bewegen“

tsch. *ḥjex* „Linde“
ing. *ḥex* „Linde“

tsch. *ḥogal:a* „Durst“
ing. *ḥogal* „Durst“
bats. *xaḳol* „Durst“

tsch. *ḥoqa* „Pfahl, Stange“
ing. *ḥoq* „Pfahl, Stange“

tsch. *ḥorka* „Knöchel“
ing. *ḥaking* „Knöchel“

tsch. *ḥostam* „Nagel“
ing. *ḥastam* „Nagel“

tsch. *ḥowsa* „sehen, schauen“, *ḥowsō* „zielen, lenken, schicken, senden“
ing. *ḥapsa* „sehen, schauen“
bats. *ḥaps-K-ar* „schicken, senden“

tsch. *ḥowʒa* „spinnen“
ing. *ḥuwʒa* „spinnen“
bats. *ḥarçar* „spinnen“

tsch. *ḥož* „Geruch, Duft“
ing. *ḥaǯ* „Geruch, Duft“
bats. *ḥajčī* „Geruch, Duft, *ḥač̣-K-alar* „stinken“

tsch. *ḥōqa* „zeigen“
ing. *ḥoqa* „zeigen“
bats. *ḥoqar* „zeigen“

tsch. *ḥōʒu* „Sperling“
ing. *ḥāʒilg* „Sperling“
bats. *ḥaçuḳ* „kleiner Vogel“

tsch. *ḥun* „Wald“
ing. *ḥu* „Wald“
bats. *ḥũ* „Wald“

tsch. *ḥū* „Wundbrand [durch Kälte und Nässe]“
ing. *ḥū* „Wundbrand [durch Kälte und Nässe]“

tsch. *ḥünḳ jan* „Schluckauf/Schlucken haben“
ing. *ḥa'ingaš dar* „Schluckauf/Schlucken haben“
bats. *ḥanḳ-ditar* „Schluckauf/Schlucken haben“, *ḥanḳ-luj* „Schluchzen“

tsch. *ḥwo* „du“
ing. *ḥwo* „du“
bats. ḥo „du“

i

tsch. *K-ic-K-an* „vergessen“
ing. *K-ic-K-ala* „vergessen“
bats. *K-ic-K-ar* „vergessen“

tsch. *idã* „rennen, laufen“, *K-ada* „rennen, laufen“
ing. *idã* „rennen, laufen“, *K-ada* „rennen, laufen“
bats. *iṭar* „rennen, laufen“, *K-aṭar* „weglaufen, fortlaufen“

tsch. *K-igã* „mit sich führen, führen“
ing. *K-igã* „mit sich führen, führen“
bats. *K-iḳar* „mit sich führen, fortführen, wegtreiben, wegbringen“

tsch. *K-ila* „auswaschen, sich waschen“
ing. *K-ila* „auswaschen, sich waschen“
bats. *K-il-K-ar* „baden, waschen“

tsch. *K-il:a* „bedecken, auflegen, übersäen“
ing. *K-il:a* „bedecken, darauflegen, legen“

bats. *K-il:ar* „legen, hinlegen“

tsch. *il:i* „episches Lied“
ing. *il:i* „episches Lied“

tsch. *ira* „scharf“
ing. *ira* „scharf“
bats. *'irĩ* „scharf, spitz, geschliffen“

tsch. *irča* „unschön“
ing. *īrča* „unschön“

tsch. *irxjē* „Aufstieg“, *irx* „in die Höhe, nach oben, empor“
ing. *uraxe, uraγe* „Aufstieg“, *uraγa* „in die Höhe, nach oben, empor“

tsch. *K-isa* „bleiben“
ing. *K-isa* „bleiben“
bats. *K-isar* „bleiben“

tsch. *K-ist* „Ufer, Ecke, Rand, Ende, Spitze“
ing. *K-ist* „Ufer, Ecke, Rand, Ende, Spitze“
bats. *b-isṭ* „Zipfel, Spitze, Ende, Stück“

tsch. *is:* „neun“
ing. *īs* „neun“
bats. *is:* „neun“

tsch. *išal, üšal* „Sumpf, Morast, Moor“
ing. *ušal* „Sumpf, Morast, Moor“

tsch. *išt:a* „so ein, solch“
ing. *išt:a* „so ein, solch“
bats. *išṭũ, ošṭu* „so ein, solch“

tsch. *K-ita* „verlassen, sich trennen“
ing. *K-ita* „verlassen, sich trennen“
bats. *K-itar* „dalassen, überlassen“

tsch. *it:* „zehn“
ing. *it:* „zehn“
bats. *iṭ:* „zehn“

tsch. *K-it:ã* „abwischen, waschen“
ing. *K-it:a* „abwischen, waschen“
bats. *K-it:ã* „abwischen, waschen“

tsch. *iza* „dieser, er“
ing. *ez* „dieser, er“

tsch. *K-iža* „sich legen, schlafen“
ing. *K-iža* „sich legen, schlafen“

tsch. *K-i'* „vier“
ing. *K-i'* „vier“
bats. *K-ωiv'* „vier“

tsch. *K-īca* „erzählen, sprechen, verkünden“
ing. *K-ūca* „erzählen, sprechen, verkünden“

tsch. *K-īšo* „legen, hinzufügen, umwerfen“, *K-īša* „sich hinlegen, sich schlafen legen“
bats. *K-išar* „legen, liegen“

j

tsch. *jaj* „Kessel, Topf“
ing. *jaj* „Kessel, Topf“

tsch. *jalta* „Brot, Korn, Weizen“
ing. *jalta* „Brot, Korn, Weizen“

tsch. *jalx* „sechs“
ing. *jalx* „sechs“
bats. *jetx* „sechs“

tsch. *jaraš* „Unkraut“
ing. *joarh* „Unkraut“

tsch. *jāča* „trübe/regnerisch sein“
ing. *jača* „trübe/regnerisch sein“
bats. *jačar* „Unwetter heraufziehen, schlechtes Wetter werden, zu regnen beginnen“

tsch. *jä'na* „Genick“
ing. *jä'a* „Genick“

tsch. *K-jesta* „anschwellen, steigen [vom Wasser], sich blähen“
ing. *K-jesta* „anschwellen, steigen [vom Wasser], sich blähen“
bats. *K-esṭar* „anschwellen, dick werden“

tsch. *jet:* „Kuh“
ing. *jet:* „Kuh“
bats. *jet:* „Kuh“

tsch. *jexk* „Kamm“
ing. *jexk* „Kamm“
bats. *jexḳ* „Kamm“

tsch. *jez* „Messing“
ing. *gez* „Messing“

tsch. *K-jēga* „zittern, beben, schaudern, schütteln“
ing. *ega* „zittern, beben, schaudern“
bats. *K-eḳ-K-ar* „zittern/beben/schlottern lassen“, *aḳ-K-ar* „zittern lassen“

tsch. *K-jēqa, K-ēqa* „vergelten“
ing. *K-eqa* „vergelten“
bats. *K-eqar* „bezahlen, begleichen“

tsch. *K-jēq̇a, K-ēq̇a* „teilen, verteilen“
ing. *K-jeq̇a, K-eq̇a* „teilen, verteilen“
bats. *K-eq̇ar* „teilen, aufteilen, trennen“

tsch. *K-jēʒa, K-ēʒa* „lieben, wünschen, gefallen, brauchen“
ing. *K-jēʒa, K-ēʒa* „lieben, wünschen, gefallen, brauchen“
bats. *K-eçar* „lieben, wünschen“

tsch. *jis* „Reif, Rauhreif“
ing. *jis* „Reif, Rauhreif“

tsch. *jist, xijist* „Ufer, Ecke, Rand“
ing. *jist* „Ufer, Ecke, Rand“

tsch. *jiš* „Geräusch, Stimme“

ing. *jiš* „Stimme, Lied"
bats. *iš* „Stimme, Melodie"

tsch. *jiša* „Schwester"
ing. *jiša* „Schwester"
bats. *jašŏ* „Schwester"

tsch. *jī* „Bier"
ing. *jī* „Bier"
bats. *jeg* „Bier"

tsch. *jol* „Heu"
ing. *jol* „Heu"
bats. *jol* „Heu"

tsch. *joq̇a* „Dürre, Trockenheit"
ing. *joq̇al* „Dürre, Trockenheit"

ing. *jost* „Erde"
bats. *jobsṭ, jopšṭ* „Erde, Boden, Grund, Land"

tsch. *jovxo* „Wärme"
ing. *jovxal* „Wärme"
bats. *jopx* „Hitze, Wärme"

tsch. *jo'* „Tochter, Mädchen"
ing. *jo'* „Tochter, Mädchen"
bats. *joḥ* „Tochter, Mädchen"

tsch. *jöḥ* „Darm"
bats. *ajḥĭ* „Darm"

tsch. *juq̇* „Asche"
ing. *joq̇* „Asche"
bats. *joṗq̇* „Asche"

tsch. *juq̇* „Taille, Mitte"
ing. *juq̇* „Taille, Mitte"
bats. *juq̇* „Taille, Kreuz", *juq̇a* Mitte"

tsch. *juq̇:eḥ* „innen"

ing. *juq̇e* „in, innen“
bats. *juq̇, juq̇e, juq̇eḥ* „inmitten, inzwischen“

tsch. *jux:ē* „neben, daneben“
ing. *jux:e* „neben, daneben“
bats. *juxe* „gleich da, unter, daneben“

tsch. *jū* „Ahle, Pfriem, Stachel“
ing. *jū, juv* „Ahle, Pfriem, Stachel“
bats. *jub* „Ahle, Pfriem, Stachel“

tsch. *jüḥ* „Gesicht“
ing. *juḥ* „Gesicht“
bats. *juḥ* „Gesicht“

tsch. *jüxk* „Baumstumpf, Klotz“
ing. *juxk* „Baumstumpf, Klotz“

k

tsch. *ka* „Hand“
ing. *ka* „Hand“
bats. *ko* „Hand“

tsch. *ka* „Widder“
ing. *ka* „Widder“

tsch. *kač* „Kragen“
ing. *kač* „Kragen“
bats. *kač* „Kragen, Nacken“

tsch. *kad* „Tasse, Schüssel, Becher“
ing. *kad* „Tasse, Schüssel, Becher“
bats. *kaṭŏ* „hölzerner Schöpflöffel“

tsch. *kada* „beweinen, betrauern“
ing. *kada* „beweinen, betrauern“
bats. *kaṭar* „beklagen, bejammern“

tsch. *kadē* „geschickt, behende, flink“
ing. *kadaj* „geschickt, behende, flink“

tsch. *kan* „Wolle von der Frühlingsschur“
ing. *ka* „Wolle von der Frühlingsschur“

tsch. *kan, kã* „Ähre, Kolben, Traube“
ing. *ka* „Ähre, Kolben, Traube“

tsch. *karō* „finden, vorfinden, antreffen, erwischen“
ing. *kora-K-e* „finden, vorfinden, antreffen, erwischen“
bats. *kor-K-ar* „besorgen, beschaffen, erwerben“

tsch. *karča* „rollen, wälzen“, *kerčō* „wälzen, walken, schieben, rücken“
ing. *karča* „rollen, wälzen“, *kerča-K-e* „wälzen, walken, schieben, rücken“
bats. *ḳarčar* „rollen“

tsch. *kaš* „Grab“
ing. *kaš* „Grab“

tsch. *keč-K-an* „vorbereiten, bereiten, zubereiten“
ing. *kīč-K-e* „vorbereiten, bereiten, zubereiten“

tsch. *keg-K-an* „brechen, zerbrechen“
ing. *kag-K-e* „brechen, zerbrechen“
bats. *keḳ-K-ar* „klein schneiden, zerstückeln, zerhacken“

tsch. *kegī* „klein, jung“
ing. *kagī* „klein“
bats. *kaḳẽ* „klein, fein“

tsch. *kems* „Weinrebe, Weintraube“
ing. *koms* „Weinrebe, Weintraube“

tsch. *ken* „Hafer“
ing. *ken* „Hafer“

tsch. *kerla* „neu“
ing. *kerda* „neu“

tsch. *kert* „Zaun, Umzäunung, Hof“

ing. *kart* „Zaun, Umzäunung, Hof“

tsch. *kes* „ein Streifen Gemähtes“
ing. *kes* „ein Streifen Gemähtes“
bats. *kesar* „arbeiten, werken, tätig sein“

tsch. *kesta* „schnell“
ing. *kesta, kasta* „schnell“
bats. *kasṭẽ* „rasch, schnell, eilig“

tsch. *ketar* „Felljacke, Pelzjacke“
ing. *ketar* „Felljacke, Pelzjacke“

tsch. *kēgō* „mischen, kneten; drehen, wenden“
ing. *kega-K-e* „mischen, kneten; drehen, wenden“
bats. *keḳ-K-ar* „rühren, mischen“

tsch. *kica* „Sprichwort“
ing. *kica* „Sprichwort“

tsch. *kit* „Weinbeutel, Weinschlauch“
ing. *kit* „Weinbeutel, Weinschlauch“
bats. *kit* „Weinbeutel, Weinschlauch“

tsch. *kīča* „bereit, fertig“
ing. *kīča* „bereit, fertig“
bats. *kḥekī* „bereit, fertig“, *kḥikna* „bereit/fertig sein“

tsch. *kīra* „Mutterleib, Innereien“
ing. *ker* „Mutterleib, Innereien“

tsch. *kjēma* „Boot“
ing. *kjema* „Boot“

tsch. *komar* „Maulbeere“
ing. *komar* „Maulbeere, Himbeere“
bats. *kumel* „Himbeere“

tsch. *kov* „Feile“
ing. *kov* „Feile“

tsch. *kov* „Tor“
ing. *koani'* „Tor“

tsch. *kowst* „Rinde“
ing. *koast* „Rinde“

tsch. *kōča* „flüssig“
ing. *koača* „flüssig“

tsch. *kőžalg* „Stock“
ing. *kožolg* „Stock“

tsch. *kuj* „Mütze“
ing. *kī* „Mütze“

tsch. *kur* „Horn, Schopf“
ing. *kur* „Horn, Schopf“

tsch. *kura* „stolz, hochmütig“
ing. *kura* „stolz, hochmütig“

tsch. *kurs* „Bund, Bündel“
ing. *kurs* „Bund, Bündel“

tsch. *kürk* „Backofen“
ing. *kurk* „Backofen“

tsch. *kü̆g* „Hand“
ing. *külg* „Hand“

tsch. *kṻra* „Habicht“
ing. *kjer* „Geier, Habicht“
bats. *kujr* „Habicht“

tsch. *kṻra* „Butterfaß“
ing. *kūra* „Butterfaß“

tsch. *kwoč* „Hemd“
ing. *koč* „Hemd“

tsch. *kwog* „Bein“

ing. *kwog* „Bein“
bats. *koḳ* „Bein, Fuß“

tsch. *kwold* „Sumpf, Morast, Schlamm, Schmutz“
ing. *kwold* „Sumpf, Morast, Schlamm, Schmutz“

tsch. *kwor* „Fenster“
ing. *kor* „Fenster“
bats. *kor* „Fenster, Luke, Schießscharte“

tsch. *kwōka* „Schlehe, Schlehdorn“
ing. *kūka* „Schlehe, Schlehdorn“

tsch. *kwōrta* „Kopf“
ing. *kwōrta* „Kopf“
bats. *kortŏ, kort, kōrt* „Kopf“

tsch. *ḳaj* „Griff, Henkel“
ing. *ḳaj* „Griff, Henkel“

tsch. *ḳajn* „weiß“
ing. *ḳaj* „weiß“
bats. *ḳujĩ* „weiß“

tsch. *ḳald* „Quark“
ing. *ḳwold* „Quark“
bats. *ḳalṭ* „Quark“

tsch. *ḳam-K-ala* „jucken, brennen“
ing. *ḳom-K-alar* „Juckreiz“
bats. *ḳamar* „jucken, brennen“

tsch. *ḳant* „Sohn, Junge“
ing. *ḳant* „Sohn, Junge“
bats. *ḳnat* „Sohn, Junge“

tsch. *ḳā* „Weizen“
ing. *ḳā* „Weizen“
bats. *ḳav* „Weizen“

tsch. *ḳādi* „Stoff, Gewebe“

ing. *ḳada* „Stoff, Gewebe“

tsch. *ḳāg* „kleine Grube, kleine Aushöhlung“
ing. *ḳoag* „kleine Grube, kleine Aushöhlung“
bats. *ḳωoḳ* „Grube“

tsch. *ḳāǯa* „Ferse“
ing. *ḳoaǯū* „Ferse“
bats. *ḳωaḳ* „Ferse“

tsch. *ḳāǯar* „Ader“
ing. *ḳeǯ* „Ader“
(?) bats. *ḳoçol* „Sehne“

tsch. *ḳāǯar* „Haarflechte, Haarzopf“
ing. *ḳeǯ* „Haarflechte, Haarzopf“
bats. *ḳeč̣* „Wolle“

tsch. *ḳeg* „Hintern, Gesäß“
bats. *ḳiḳ* „Hintern, Gesäß“

tsch. *ḳel* „unter, unten“
ing. *ḳal* „unter, unten“
bats. *ḳiḳel* „unter, darunter“

tsch. *ḳež* „Kochen, Brodeln, Sieden“
ing. *ḳeǯ jaxa* „brodeln, kochen, sieden“
bats. *ḳeč̣-jaxar* „kochen, sieden“

tsch. *ḳeʒig* „wenig“
ing. *ḳeʒiga* „wenig“
bats. *ḳaʒaḳ, ḳaʒiḳ* „wenig“

tsch. *ḳēda* „Muttermal“
ing. *ḳӑ̈d* „Muttermal“

tsch. *ḳēdā̃* „weich“
ing. *ḳӑ̈da* „weich“
bats. *ḳaṭẽ* „weich“

tsch. *ḳēlō* „Boden, Untergrund; Versteck, Hinterhalt"
ing. *ḳīle* „Boden, Untergrund; Versteck, Hinterhalt"

tsch. *ḳēʒa* „junger Hund, Welpe"
ing. *ḳāʒa* „junger Hund, Welpe"
bats. *ḳaç̣* „junger Hund, Welpe"

tsch. *ḳinž* „kleine Grube, kleine Aushöhlung"
ing. *ḳenǯ* „kleine Grube, kleine Aushöhlung"

tsch. *ḳomsar* „Eckzahn"
ing. *ḳomsar* „Eckzahn"

tsch. *ḳora* „Kohle"
ing. *ḳor* „Kohle"
bats. *ḳor* „Kohle"

tsch. *ḳordō* „überdrüssig werden, lästig werden"
ing. *ḳorda-K-e* „überdrüssig werden, lästig werden"
bats. *ḳorṭar* „überbekommen, überdrüssig werden"

tsch. *ḳorga* „tief"
ing. *ḳoarga* „tief"
bats. *ḳωoḳrũ* „tief"

tsch. *ḳorni* „Nestling, Tierjunges, Kücken"
ing. *ḳorig* „Nestling, Tierjunges, Kücken"

tsch. *ḳōǯam* „Zunder, Feuerschwamm"
ing. *ḳoaǯam* „Zunder, Feuerschwamm"
bats. *ḳωaḳam* „Zunder, Feuerschwamm"

tsch. *ḳudal* „Krug"
ing. *ḳudal* „Krug"
bats. *ḳuṭal* „Krug"

tsch. *ḳur* „Rauch"
ing. *ḳur* „Rauch"
bats. *ḳur* „Rauch"

tsch. *ḳuž* „Haarschopf"

ing. *ḳuǯ* „Haarschopf“

tsch. *ḳwōn* „bitter, scharf“
ing. *ḳoma* „bitter, scharf“
tsch. *ḳworga* „blau“
ing. ḳorga „blau“

l

tsch. *laba* „Schutzdach“
ing. *laba* „Schutzdach“

tsch. *lač* „schräg, schief“
bats. *lačḥeçar* „schief blicken, glotzen“, *lačaḥŏ* „mit dem Kopf/Gesicht nach unten“, *lačḥalo* „Auf- und Abstieg, Berghänge“

tsch. *ladar* „fließen“
ing. *lada* „fließen“

tsch. *ladīya* „hören“
ing. *ladūya* „hören“

tsch. *lag* „Hals, Kehle“
ing. *lag* „Hals, Kehle“

tsch. *lag* „Kern“
ing. *lag* „Kern“

tsch. *laḥa* „Vorrat anlegen, sammeln“
ing. *loḥa* „Vorrat anlegen, sammeln“
bats. *leḥ-K-ar* „pflücken, sammeln, auflesen“, *laḥ-K-ar* „abrupfen, pflücken“

tsch. *laḥō* „harken, rechen“
ing. *loḥae* „harken, rechen“

tsch. *laj* „Sklave“
ing. *laj* „Sklave“
bats. *lag* „Sklave“

tsch. *lal:a* „treiben, jagen“
ing. *lal:a* „treiben, jagen“
bats. *lal-K-ar* „führen, herbringen“

tsch. *lam* „Berg“
ing. *loam* „Berg“
bats. *lam* „Berg“

tsch. *lama* „übermorgen“
ing. *lomma* „übermorgen“
bats. *lamŏ* „übermorgen“

tsch. *lan* „Hufeisen“
ing. *la* „Hufeisen“

tsch. *laqa* „spielen, musizieren“
ing. *laqa* „spielen, musizieren“

tsch. *laq̇a* „verseichten, zu legen aufhören [vom Huhn]“
ing. *loq̇a* „verseichten, zu legen aufhören [vom Huhn]“

tsch. *lar* „Spur“
ing. *lar, ler* „Spur“

tsch. *lara, lēra* „zählen“
ing. *larha* „zählen“
bats. *larl'ar* „zählen, aufzählen, werten“

tsch. *lar-K-an* „aufpassen, achtgeben, behüten“
ing. *lora-K-e* „aufpassen, achtgeben, behüten“
bats. *lar-K-ar* „beobachten“

tsch. *lard* „Grundlage, Fundament“
ing. *lard* „Grundlage, Fundament“

tsch. *larga* „scheren, schneiden“
ing. *larga* „scheren, schneiden“
bats. *larḳar* „scheren, schneiden“

tsch. *lata* „kleben, haften“
ing. *lata* „kleben, haften“

bats. *latar* „kleben, haften“

tsch. *lata, ljēta* „sich entzünden, Feuer fangen“
ing. *lata, ljeta* „sich entzünden, Feuer fangen“
bats. *latar, letar* „sich entzünden, Feuer fangen“

tsch. *lat:a* „stehen, sich halten, dauern“
ing. *lat:a* „stehen, sich halten, dauern“
bats. *lat:ar* „stehen“

tsch. *lat:a* „Erde, Land, Festland, Ton“
ing. *lät:a* „Erde, Land, Festland, Ton“
bats. *lat:* „Abfall, Müll“

tsch. *laṭq̇a* „sich beklagen“
ing. *laṭq̇a* „sich beklagen“

tsch. *laxa, ljēxa* „suchen“
ing. *laxa, lexa* „suchen“
bats. *laxar* „aufsuchen, finden“, *lexar* „suchen“

tsch. *laʒa* „schmerzen“
ing. *laʒa* „schmerzen“
bats. *laçar* „schmerzen“

tsch. *laγa* „Stufe“
ing. *laγa* „Stufe“

tsch. *laγ-K-an* „verlangsamen, verzögern“
ing. *läγ-K-e* „verlangsamen, verzögern“

tsch. *la'a, laa* „wünschen, wollen“
ing. *la* „wünschen, wollen“
bats. *la'ar* „wünschen, wollen“

tsch. *lāca* „einstellen, fangen, fassen, festhalten“
ing. *lāca* „einstellen, fangen, fassen, festhalten“
bats. *lacar* „fangen, festhalten, halten“

tsch. *lāla* „schmelzen“
ing. *lala* „schmelzen“

tsch. *lāmi* „Leiter“
ing. *loami* „Leiter“
bats. *lap̄̇* „Leiter, Treppe“

tsch. *lān* „aushalten, ertragen“
ing. *la, lan* „aushalten, ertragen“
bats. *lavar* „erdulden, ertragen, aushalten“

tsch. *lāra* „halten für, achten, ehren“
ing. *larha* „halten für, achten, ehren“

tsch. *lāsa* „durchsieben“
ing. *lōsa* „durchsieben“
bats. *lesar, lasar* „sieben, durch ein Sieb schütten“

tsch. *läḥa* „Schlange“
ing. *leḥa* „Schlange“
bats. *laḥ* „Schlange“

tsch. *leč̣q̇ō, lač̣q̇ō* „verstecken, verbergen, stehlen“
ing. *loč̣q̇a-K-e* „verstecken, verbergen, stehlen“
bats. *leč̣q̇-K-ar , lač̣q̇-K-ar* „verstecken, verbergen“

tsch. *ledara* „nachlässig, schlampig, schwach“
ing. *ledara* „nachlässig, schlampig, schwach“

tsch. *lelxa* „springen, hüpfen“
bats. *letxar* „springen, hüpfen“

tsch. *lelxa* „platzen, bersten, springen“
bats. *letx-K-ar* „abreißen, abrupfen, herausreißen“

tsch. *leqa* „hoch“
ing. *laqa* „hoch“
bats. *laqẽ* „hoch“

tsch. *lerg* „Ohr“
ing. *lerg* „Ohr“
bats. *lark̦* „Ohr“

tsch. *lesta* „schaukeln, schwingen, sich wiegen, schwanken, wedeln“

ing. *lesta* „schwingen, sich wiegen“, *lesta-K-e* „wedeln“
bats. *lesṭar, lasṭar* „schaukeln, schwanken, wippen“

tsch. *leta* „kämpfen“
ing. *leta* „kämpfen“
bats. *letar, latar* „ringen, kämpfen, streiten“

tsch. *levsi* „Balg, Blasebalg“
ing. *lajsi* „Balg, Blasebalg“

tsch. *lexka* „treiben, vertreiben, fortjagen“
ing. *lexka* „treiben, vertreiben, fortjagen“
bats. *lexḳar* „treiben, jagen“, *laxḳar* „forttreiben, hintreiben“

tsch. *lēša, laša* „sickern, tröpfeln, rinnen, fließen“
ing. *leša* „sickern, tröpfeln“
bats. *lešar, lašar* „sickern, tröpfeln“

tsch. *lēza* „Puppe von Weizengarben“
ing. *lāza* „Puppe von Weizengarben“

tsch. *lista* „aufwickeln“
ing. *lesta* „aufwickeln“

tsch. *lit:a* „seihen, sieben“
ing. *lit:a* „seihen, sieben“
bats. *liṭ:ar* „seihen, abseihen“

tsch. *līča, lūča* „baden, sich baden“
ing. *līča, lūča* „baden, sich baden“

tsch. *līsa* „säen“
ing. *lōsa, lūsa* „säen“

tsch. *ljeq̇* „Wachtel“
ing. *leq̇* „Wachtel“
bats. *leq̇v* „Wachtel“

tsch. *ljēča* „Falke“
ing. *läča* „Falke“

tsch. *ljēga* „fallen“
ing. *ljega* „fallen“

tsch. *ljēla* „gehen, laufen, sich bewegen, fliegen“
ing. *ljela* „gehen, laufen, sich bewegen, fliegen“
bats. *lelar* „gehen, laufen“

tsch. *ljēn* „sprechen, sich unterhalten“
ing. *lje* „sprechen, sich unterhalten“
bats. *levar* „sprechen, reden“

tsch. *ljēpa* „blitzen, glänzen, blinken“
ing. *ljepa* „blitzen, glänzen, blinken“
bats. *lepar* „blitzen, glänzen“

tsch. *lol* „Heftfaden, Schlinge, Schlaufe, Kummetriemen“
ing. *lo* „Nähschablone“, *lol* „Schlinge, Schlaufe, Kummetriemen“

tsch. *loqar* „Riemen“
bats. *laqar* „hineinstecken“

tsch. *lowsa* „schlagen, buttern“
bats. *lepsar* „schlagen, buttern, rühren“

tsch. *lowsardōla* „trocken werden, trocknen“
ing. *lowsardaxa* „trocken werden, trocknen“
bats. *lapsar* „trocken werden, trocknen“

tsch. *lowʒa* „spielen“
ing. *lowʒa* „spielen“
bats. *labçar* „spielen“

tsch. *loxa* „niedrig“
ing. *loxa* „niedrig“
bats. *laxũ* „niedrig, flach, klein“

tsch. *lū* „Reh“
ing. *līg* „Reh“

tsch. *lūlaxō* „Nachbar“
ing. *loalaxo* „Nachbar“

tsch. *lüra* „gefährlich, rauh, streng“
ing. *lire* „gefährlich, rauh, streng“

tsch. *lüsta* „dicht, häufig“
ing. *lista* „dicht, häufig“
bats. *jupsṭĩ* „dicht, dick“

tsch. *lwor* „Arzt“
ing. *lwor* „Arzt“

tsch. *lwō* „Schnee“
ing. *loa* „Schnee“
bats. *lav* „Schnee“

m

tsch. *ma* „nicht“
ing. *ma* „nicht“
bats. *ma* „nicht“

tsch. *maca* „wann“
ing. *maca* „wann“
bats. *macã* „wann“

tsch. *macal:a* „Hunger“
ing. *mocal* „Hunger“
bats. *macol* „Hunger“

tsch. *mad-K-ala* „weich/reif werden [Früchte, Beeren]“
bats. *maṭẽ* „reif“

tsch. *maga* „können, gesund sein“
ing. *maga* „können, gesund sein“
bats. *maḳar* „können, vermögen, imstande sein“

tsch. *mala* „austrinken“, *mīla* „trinken“
ing. *mala* „austrinken“, *mela* „trinken“
bats. *mal'ar* „trinken, austrinken“, *mel'ar* „trinken“

tsch. *malx* „Sonne“
ing. *malx* „Sonne“
bats. *matx* „Sonne“

tsch. *mara* „Nase“, *marš* „Rotz, Nasenschleim“
ing. *meraž* „Nase; Rotz, Nasenschleim“
bats. *marl'u* „Nase“

tsch. *marca* „sengen, versengen, verbrennen, teeren“
ing. *marca* „sengen, versengen, verbrennen, teeren“
bats. *marcar* „sengen, versengen“

tsch. *marda* „Schwiegervater“
ing. *marda* „Schwiegervater“
bats. *mardad* „Schwiegervater“

tsch. *mars* „Sichel“
ing. *mars* „Sichel“

tsch. *marš* „Wurst, Darm“
ing. *marš* „Wurst, Darm“

tsch. *marša* „friedlich, glücklich“
ing. *marša* „friedlich, glücklich“
bats. *maršĩ* „friedlich, im Wohlstand“

tsch. *marta* „Frühstückszeit“
ing. *marta* „Frühstückszeit“

tsch. *marxa* „Wolke“
ing. *morx* „Wolke“

tsch. *maryal* „Sproß, Sprößling, Abzweig, Zweig“
ing. *merya* „Sproß, Sprößling, Abzweig“

tsch. *mas* „Haar“
ing. *mosa, mis* „Haar“

tsch. *masa* „wieviel“
ing. *mas, mas:a* „wieviel“

tsch. *masar* „Gemse“
ing. *mwosar* „Gemse“
bats. *masor* „Gemse“

tsch. *maša* „ein Milcherzeugnis“
ing. *maša* „ein Milcherzeugnis“
bats. *maša* „Vesper“

tsch. *max* „Preis, Wert“
ing. *max* „Preis, Wert“
bats. *max* „Preis, Wert“

tsch. *max* „Espe“
ing. *mix* „Espe“

tsch. *maž* „Bart“
ing. *mwoǯ* „Bart“
bats. *maç̌* „Schnurrbart“

tsch. *maž-K-ala* „gelb werden, gilben, welken“, *mōža* „gelb“
bats. *maž-K-ar* „weich machen, lockern, schwächen“, *mažũ* „weich“

tsch. *ma'* „Erle“
ing. *mīng, mi'ing* „Erle“

tsch. *ma'a* „Horn“
ing. *mu'a* „Horn“
bats. *mωa'ŏ* „Horn“

tsch. *māča* „Schuhe“
ing. *mäči* „Schuhe“

tsch. *mājra* „Ehemann“
ing. *mār* „Ehemann“
bats. *mar* „Ehemann“

tsch. *māsa* „schnell“
ing. *mās:a* „schnell“

tsch. *māša* „Wollstoff“
ing. *maša* „Wollstoff“

bats. *māšě, maš* „Wollstoff"

tsch. *māxa* „Nadel"
ing. *māxa* „Nadel"
bats. *max* „Nadel"

tsch. *māωar, mωāra* „Fingernagel, Kralle, Haken"
ing. *mωāra* „Fingernagel, Kralle, Haken"
bats. *mωajrĭ* „Fingernagel, Kralle"

tsch. *mänga* „Bett"
ing. *mängi* „Bett"

ing. *mäq* „Brot"
bats. *majqĭ* „Roggen, Brot", *meq* „Brot"

tsch. *mä'ig* „Ecke, Winkel"
ing. *mi'ing* „Ecke, Winkel"

tsch. *meca* „hungrig"
ing. *meca* „hungrig"
bats. *macĩ* „hungrig"

tsch. *mel* „wieviel"
ing. *mel* „wieviel"
bats. *mel'* „wieviel"

tsch. *mela* „warm, schwach"
ing. *mela* „warm, schwach"
bats. *malĩ* „lauwarm, warm, träge, faul"

tsch. *meq, meqaš* „Schnurrbart"
ing. *meqaš* „Schnurrbart"

tsch. *meqa* „Egge"
ing. *maqa* „Egge"
bats. *moq* „Pflug"

tsch. *merz* „Haar des Pferdeschweifs"
ing. *merʒ* „Haar des Pferdeschweifs"

tsch. *merʒa* „süß“
ing. *merʒa* „süß“
bats. *maçrĩ* „süß“

tsch. *merɣad* „Kornrade, Unkraut“
ing. *maɣaldi* „Kornrade, Unkraut“

tsch. *met:ig* „Ort“
ing. *mot:ig* „Ort“
bats. *mot:* „Ort, Stelle“

tsch. *meʒa* „Laus“
ing. *maʒa* „Laus“
bats. *maç* „Laus“

tsch. *mēla* „gute Tat, Gutes“
ing. *mäl* „gute Tat, Gutes“

tsch. *mēda* „weich, überreif“
ing. *mωӑda* „weich, überreif“
bats. maṭẽ „reif“

tsch. *mēqa* „Rost“
ing. *muq* „Rost“

tsch. *mēǯē* „Glied, Stück, Teil“
ing. *mäǯe* „Glied, Stück, Teil“

tsch. *mičaḥ* „wo“
ing. *miča* „wo“
bats. *miča, miče* „wo“

tsch. *mila* „wer“
ing. *mala* „wer“
bats. *molũ* „was für ein, welch“

tsch. *mil:a* „vor Kälte“
bats. *mil-K-ar* „sich erkälten, kalt sein“

tsch. *mīr* „Fußtritt, Ausschlagen“
ing. *mωarg* „Fußtritt, Ausschlagen“

(?) bats. *mard* „Tritt, Fußtritt, Huftritt"

tsch. *močxal* „Wangenbein, Kiefer"
ing. *močxal* „Wangenbein, Kiefer"

tsch. *moda* „Schmutz"
ing. *mωad* „Schmutz, Schlamm"
bats. *mujṭĭ, muṭorna* „Schmutz, Dreck"

tsch. *moguš* „gesund"
ing. *mogaš* „gesund"

tsch. *moḥ* „Eingeweidefett, Fett"
ing. *muḥ* „Eingeweide, Fett"
bats. *muḥ* „leere, getrocknete Därme"

tsch. *moḥ, mwoḥ* „Last, Bürde"
ing. *muḥ* „Last, Bürde"
bats. *muḥ* „Last, Bürde"

tsch. *moḥ* „Schrei, Gestöhne"
ing. *muḥ* „Schrei, Gestöhne"

tsch. *moqa* „Messer"
ing. *muq* „Messer"

tsch. *mor, mwor* „Armvoll"
ing. *morh, mworh* „Armvoll"
bats. *morl'* „Armvoll", *morl'bar* „umarmen, umfangen"

tsch. *mord* „Haut [im Fleisch]"
ing. *mord* „Haut [im Fleisch]"

tsch. *mostaγ* „Feind, Gegner"
ing. *moastaγa* „Feind, Gegner"
bats. *mastxov* „Feind"

tsch. *moxk* „Erde, Land"
ing. *moxk* „Erde, Land"
bats. *moxḳ, maxḳ* „Erde, Welt"

tsch. *moz* „Honig“
ing. *moʒ* „Honig“
bats. *moç* „Honig“

tsch. *moγa* „Linie, Reihe“
ing. *muγ* „Linie“

tsch. *mōqaz* „Feuerstein“
ing. *moaqaʒ* „Feuerstein“
bats. *maqaç* „Feuerstein“

tsch. *mōša* „Rebhuhn“
ing. *moaš* „Rebhuhn“

tsch. *mölq̇a* „Eidechse“
ing. *melωa* „Eidechse“

tsch. *muçar* „Schnauze, Maul, Rüssel“
ing. *muçar, mωiʒirg* „Schnauze, Maul, Rüssel“

tsch. *mulγa* „unter dem Schwanz liegender Teil des Pferdegeschirrs“
ing. *mulγa* „unter dem Schwanz liegender Teil des Pferdegeschirrs“
bats. *muγ* „Schwanz“, *mujγlĭ* „Schwanzriemen“

tsch. *muo* „Narbe“
ing. *mua* „Narbe“

tsch. *muq* „Gerste“
ing. *muq* „Gerste“

tsch. *muq̇* „Griff, Stiel“
ing. *muq̇* „Griff, Stiel“
bats. *muq̇* „Griff, Stiel“

tsch. *muq̇a* „frei“
ing. *korta muq̇a* „frei“
bats. *maq̇* „frei“

tsch. *mur-K-ōla* „faulen, modern, verwesen“

ing. *mur* „Fäulnis“, *mur-K-ala* „faulen, modern, verwesen“

tsch. *muš* „Schnur, Band, Seil, Strick“
ing. *muš* „Schnur, Band, Seil, Strick“

tsch. *muš* „Ulme, Rüster“
ing. *muš* „Ulme, Rüster“

tsch. *mut:a* „Saft [des Baums]“
ing. *moz* „Saft [des Baums]“

tsch. *müsta* „sauer“
ing. *mista* „sauer“
bats. *musṭĩ* „sauer“

tsch. *mwolxa* „Arzenei“
ing. *molx* „Arzenei“

tsch. *mworsa* „grob, hart, rauh, stachelig, derb“
ing. *morsa* „grob, hart, rauh, stachelig, derb“
bats. *mors-K-ar* „vernichten, ausrotten“

tsch. *mworz* „Molke“
ing. *mworʒ* „Molke“
bats. *maçrŏ* „Molke“

tsch. *mwot:* „Bett“
ing. *mot:* „Bett“
bats. *mot:* „Bett“

tsch. *mwot:* „Zunge“
ing. *mwot:* „Zunge“
bats. *moṭ:* „Zunge“

tsch. *mwot:a* „scheinen, erscheinen“
ing. *mwot:a* „scheinen, erscheinen“
bats. *mot:ar* „denken, dafürhalten“

tsch. *mwox* „Wind“
ing. *mux* „Wind“
bats. *mox* „Wind“

tsch. *mwoxk* „Mörser“
bats. *moxḳ* „Mörser“

tsch. *mwoʒa* „Fliege“
ing. *moʒa* „Fliege“

n

tsch. *nab* „Schlaf“
ing. *nab* „Schlaf“
bats. *nωaṗ* „Schlaf“

tsch. *nal* „Keiler, Wildschwein“
ing. *nal* „Keiler, Wildschwein“

tsch. *nalxa* „Rahmbutter“
ing. *nalxa* „Rahmbutter“

tsch. *nax* „Leute, Volk“
ing. *nax* „Leute, Volk“
bats. *nax* „Leute, Volk“

tsch. *naž* „Eiche, Eicheln“
ing. *naǯ* „Eiche, Eicheln“

tsch. *nāna* „Mutter“
ing. *nāna* „Mutter“
bats. *nan* „Mutter“

tsch. *nāqa* „Brust“
ing. *nāqa* „Brust“

tsch. *närs* „Gurke“
ing. *nars* „Gurke“

tsch. *neca* „Motte"
ing. *neca* „Motte"

tsch. *neq̇* „Weg"
ing. *niq̇* „Weg"
bats. *niq̇* „Weg"

tsch. *nexča* „Käse"
ing. *naxča* „Käse"
bats. *načx* „Käse, Käselaib"

tsch. *neγar* „Deckel"
ing. *noγar* „Deckel, Augenlid"

tsch. *ne'* „Haut, Fell"
ing. *niḥ* „Haut, Fell"

tsch. *ne'* „Tür"
ing. *ni'* „Tür"

tsch. *nēca* Tante"
ing. *näcī* „Tante"

tsch. *nēka* „schwimmen"
ing. *näk* „schwimmen"

tsch. *niçq̇* „Kraft, Macht"
ing. *niʒ* „Kraft, Macht"
bats. *niçq̇* „Kraft, Stärke, Vermögen, Können, Fähigkeit"

tsch. *nilxa* „dünn, dünnflüssig, schütter, licht"
ing. *nīlxa* „dünn, dünnflüssig, schütter, licht"
bats. *netxĩ* „dünn, dünnflüssig, selten, schütter"

tsch. *niq* „Bienenstock", *naqarmoʒa* „Biene"
ing. *niq* „Bienenstock", *noqarmoʒa* „Biene"

tsch. *nir-un* „Cholera, Durchfall"
ing. *nirī u* „Cholera"
bats. *nωir* „Durchfall"

tsch. *nit:* „Brennessel“
ing. *nit:* „Brennessel“
bats. *niṭ:* „Brennessel“

tsch. *nixa* „eine Art Dünnbier“
ing. *nix* „eine Art Dünnbier“

tsch. *nīsa* „gerade, richtig“
ing. *nīsa* „gerade, richtig“
bats. *nipsĩ* „gerade, richtig“

tsch. *noj* „Trog“
ing. *nī* „Trog“

tsch. *noṭq̇a* „Eiter“
ing. *nod* „Eiter“
bats. *noṭq̇* „Eiter, Schleim [aus den Augen]“

tsch. *nuc* „Schwiegersohn“
ing. *najc* „Schwiegersohn“

tsch. *nuj* „Besen“
ing. *nū* „Besen“

tsch. *nus* „Schwiegertochter, Schwägerin“
ing. *nus* „Schwiegertochter, Schwägerin“
bats. *nus* „Schwiegertochter, Schwägerin“

tsch. *nṻǯa* „Amboß“
ing. *naǯarg* „Amboß“

tsch. *nwosta, nwost* „Unterschenkel“
ing. *nost* „Unterschenkel“

tsch. *nwox* „Pflug“
ing. *nux* „Pflug“

tsch. *nωäna* „Wurm“
ing. *nωana* „Wurm“
bats. *nωan* „Wurm, Made, Raupe“

O

tsch. *oba, uba* „Kuß“
bats. *ṗaj* „Kuß“

tsch. *oḥa-* „hinab, abwärts“
bats. *aḥo* „unterer Teil, unten“, *aḥ-* „herunter, herab“ (Präverb)

tsch. *ojla* „Gedanke, Ansicht“
ing. *ujla* „Gedanke, Ansicht“

tsch. *K-ol:a* „durchziehen, einfädeln, zuknöpfen, hineinstecken, hineinlegen“
ing. *K-ol:a* „durchziehen, einfädeln, zuknöpfen, hineinstecken, hineinlegen“
bats. *ol:ar* „auffädeln, aufreihen, aufziehen, anziehen, schöpfen“

tsch. *K-oq:a* „groß“
ing. *K-oq:a, K-aq:a* „groß“
bats. *K-aq:õ* „groß“

tsch. *or* „Grube“
ing. *or* „Grube“

tsch. *orca* „Unruhe, Aufregung, Alarm“
ing. *oarc* „Unruhe, Aufregung, Alarm“
bats. *'arcŏ* „Überfall, Raubzug, Plündern“

tsch. *orcxa* „Balken“
ing. *oarc* „Balken“

tsch. *K-os:a, K-wos:a* „heruntersteigen, herabsteigen“
ing. *K-os:a, K-wos:a* „heruntersteigen, herabsteigen“
bats. *K-os:ar* „herabkommen, hinabgehen“

tsch. *ow* „Spieß, Bratspieß“
ing. *ow* „Spieß, Bratspieß“

tsch. *ow* „Naht, Narbe“
ing. *ow* „Naht, Narbe“

tsch. *ovda* „abmähen“

ing. *ovda* „abmähen“

tsch. *K-owxa* „heiß, warm“
ing. *K-ωajxa* „heiß, warm“
bats. *d-apxẽ* „heiß, warm“, *K-epx-K-ar* „heiß machen, erhitzen“, *K-opx-K-ar* „erwärmen, erhitzen“

tsch. *K-owʒa* „erfahren, lehren, wissen“
ing. *K-owʒa* „erfahren, lehren, wissen“
bats. *K-abc̣ar* „bekannt sein, wissen, kennen“

tsch. *K-oxka* „verkaufen, übergeben“
ing. *K-woxka* „verkaufen, übergeben“
bats. *K-oxḳar* „verkaufen“

tsch. *K-oxka* „hineinstecken, hineinstoßen, hineinlegen“
ing. *K-oxka* „hineinstecken, hineinstoßen, hineinlegen“
bats. *K-oxḳar* „hineinlegen“, *oxḳar* „auffädeln“, *oxḳ-K-ar* „aufspießen, hineinstoßen“

tsch. *K-ōca* „kurz“, *K-ac-K-an* „kürzen“
ing. *l-oaca* „kurz“, *l-oac-K-e* „kürzen“
bats. *K-acũ* „kurz“, *K-acar* „kürzen“

tsch. *K-ōlō* „beginnen“
ing. *K-ola-K-e* „beginnen“
bats. *K-ol-K-ar* „beginnen“

tsch. *ōram* „Wurzel“
ing. *ovla* „Wurzel“

tsch. *K-ōxō* „zerstören, beschädigen“, *K-wōxa* „in die Brüche gehen, entzweigehen, verderben, zerreißen, verlorengehen“
ing. *K-oxa-K-e* „zerstören, zerschlagen“, *K-woxa* „in die Brüche gehen, entzweigehen, verderben, zerreißen, verlorengehen“
bats. *K-oxar* „zerstören; abnutzen, abwetzen“

tsch. *ölg* „Kuchen“
ing. *olg* „Kuchen“

tsch. *ös* „Garbenbündel, Getreidepuppe“

ing. *es* „Garbenbündel, Getreidepuppe“

tsch. *ŏla* „Heuhaufen“
ing. *el* „Heuhaufen“

tsch. *ŏpa* „Hamster“
ing. *ep* „Hamster“

p

tsch. *pal* „Weissagung“
ing. *pälg* „Märchen“
bats. *pal* „Märchen“

tsch. *pana* „unerforscht, unbekannt“
ing. *pāna* „unerforscht, unbekannt“

tsch. *pardwō* „Häutchen“
ing. *pordū* „Häutchen“

tsch. *patar* „Daune, Flaum“
ing. *petar* „Daune, Flaum“

tsch. *pax* „Lunge“
ing. *pexk* „Lunge“
bats. *p̣hajtĭ* „Lunge“

tsch. *pen* „Mauer“
ing. *pen* „Mauer“

tsch. *p̣ha* „Blutrache“
ing. *p̣ha* „Blutrache“

tsch. *p̣ha, p̣hēda* „Siedlung, Dorf“
bats. *p̣he* „Siedlung, Dorf“

tsch. *p̣har* „Schmied“
ing. *p̣har* „Schmied“

tsch. *pḥars* „Arm“
ing. *pḥars* „Arm“
bats. *pḥars* „Arm“

tsch. *pḥaž* „Pferdemist“
ing. *pḥaž* „Pferdemist“

tsch. *pḥāgal* „Hase“
ing. *pḥagal* „Hase“
bats. *pxaḳal, pḥaḳal* „Hase“

tsch. *pḥēγa* „Gefäß“
ing. *pḥeγa* „Gefäß“

tsch. *pḥid* „Frosch“
ing. *pḥid* „Frosch“
bats. *pḥiṭ* „Frosch, Kröte“

tsch. *pḥid* „Wade“
ing. *pḥed* „Wade“
bats. *pḥiṭ* „Wade“

tsch. *pḥor* „Abendbrot“
ing. *pḥor* „Abendbrot“
bats. *pḥor* „Abendbrot“

tsch. *pḥoš* „Ärmel“
ing. *pḥoš* „Ärmel“
bats. *pḥo* „Ärmel“

tsch. *pḥu* „Rüde, Männchen“
ing. *pḥu* „Rüde, Männchen“
bats. *pḥu* „Hund, Rüde“

tsch. *pis* „geizig“
ing. *pis* „geizig“

tsch. *pīsag* „Butterstampfer“
ing. *peska* „Butterstampfer“

tsch. *pop* „Platane, Buche“

ing. *pop* „Platane, Buche“

tsch. *poppar* „Lehmmörtel“
ing. *toppar* „Lehm“

tsch. *pxa* „Pfeil“
ing. *pxwo* „Kugel, Geschoß“

tsch. *pxa* „Sehne, Ader“
ing. *pxa* „Sehne, Ader“
bats. *pxa* „Sehne, Ader, Nerv, Gräte“

tsch. *pxan* „Weißbuche“
ing. *pxa* „Weißbuche“

tsch. *pxanar* „Schulterblatt, Schulter“
ing. *pxandara* „Schulterblatt, Schulter“
bats. *pxaner* „Schulterblatt, Schulter“

tsch. *pxi'* „fünf“
ing. *pxi'* „fünf“
bats. *pxi* „fünf“

tsch. *pxora* „schwanger, trächtig“
ing. *pxora* „schwanger, trächtig“

tsch. *ṗjelg* „Finger“
ing. *ṗjelg* „Finger“
bats. *ṗωã* „Flügel“

tsch. *ṗend(a)* „Rippe“
ing. *ṗend(a)* „Rippe“
bats. *ṗωenṭŏ* „Rippe, Seite“

q

tsch. *qa* „Erdscholle, Teil Ackerland“
ing. *qa* „Erdscholle, Teil Ackerland“
bats. *qav* „Feld, Acker“

tsch. *qa* „Alkali, Laugensalz, Lauge"
ing. *qa* „Alkali, Laugensalz, Lauge"

tsch. *qajqa, qajxa* „rufen"
ing. *qajka* „rufen, einladen"
bats. *qekar* „rufen"

tsch. *qalxa* „übersiedeln"
ing. *qalxa* „übersiedeln"

tsch. *qal:a* „beißen"
ing. *qal:a* „beißen"
bats. *qal:ar* „essen"

tsch. *qaqa* „Schaffell"
ing. *qaqa* „Fell"
bats. *qaqã* „Fell, Haut"

tsch. *qarda* „verhöhnen, verspotten, schadenfroh sein"
ing. *qarda* „verhöhnen, verspotten, schadenfroh sein"
bats. *qarṭã ev-K-ar/ecar* „sich lustig machen, verspotten, auslachen"

tsch. *qarsta* „wandern, umherstreifen, umherlaufen", *qersta, qjersta* „wanken, schwingen, umherwandern"
ing. *qest, qjest* „wanken, schwingen, umherwandern"
bats. *qasṭar* „umhergehen", *qesṭar* „herumgehen, bereisen", *qesṭ-K-ar* „umherziehen, bereisen"

tsch. *qarta* „Hautausschlag, Masern"
ing. *qarta* „Hautausschlag, Masern"

tsch. *qarʒa* „spülen"
ing. *qarʒa* „spülen"
bats. *qarç-K-ar* „spülen", *qerç-K-ar* „spülen"

tsch. *qarʒa* „braten, rösten"
ing. *qarʒa* „braten, rösten"
bats. *qarçar* „rösten, erhitzen", *qerçar* „rösten"

tsch. *qāba* „Tontopf"
ing. *qaba* „Tontopf"

tsch. *qāba* „füttern, enthalten“
ing. *qāba* „füttern, enthalten“

tsch. *qāča* „ankommen, erhalten“
ing. *qača* „ankommen, erhalten“
bats. *qačar* „erreichen, gelangen, bekommen, erhalten“

tsch. *qāča-K-ala* „enden, zur Neige gehen“
bats. *qač-K-ar* „beenden, aufbrauchen, vernichten, ausrotten“

tsch. *qāča* „Essen, Speisc“
ing. *qača* „Essen, Speise“
bats. *qačĕ* „Verpflegung, Wegzehrung“

tsch. *qāla* „decken, bedecken“, *qōla* „sich [mit Wolken] bedecken“, *qol:ar* „Überwurf, Umhang“, *qol:a* „überwerfen, umhängen“
bats. *qal:ar* „aufhaben, gedeckt/bedeckt sein“, *qol:ar* „einhüllen, bedecken, anziehen, darüberziehen“

tsch. *qāna* „morgen“
ing. *qoana* „morgen“
bats. *qano* „morgiger Tag“

tsch. *qāž* „Stimme [bei der Stimmabgabe]“
bats. *qaç̌* „Teil, Anteil“

tsch. *qāʒā̃* „hängen“, *qōʒu* „hängend“
bats. *qaçar* „hängen“, *qebçar* „aufhängen“, *qoç-K-ar* „aufhängen, anhängen“

tsch. *qeču* „anders, sonst“
ing. *qəča* „anders, sonst“
bats. *qeč-qečnajir* „verschiedenartig, unterschiedlich“

tsch. *qel* „Stute“
ing. *qal* „Stute“
bats. *qadal* „Stute“

tsch. *qel:i* „Mist, Dung“
ing. *qalaǯ* „Mist, Dung“

tsch. *qerč* „Herd“

ing. *qurč* „Herd“

tsch. *qesa* „Mähne“
ing. *qes* „Mähne“

tsch. *qez* „Johannisbeeren“
ing. *qazar* „Johannisbeeren“

tsch. *qēla* „Wurzelzahn“
ing. *qāla* „Wurzelzahn“

tsch. *qia* „reifen, wachsen, erreichen, erlangen“
ing. *qe* „wachsen“
bats. *qe'ar* „reifen, einholen, treffen“, *qa'-K-ar* „reifen lassen“

tsch. *qin* „noch, mehr“, *qano* „nach“
ing. *qə* „noch, mehr“, *qannax* „nach“
bats. *qẽ* „dann, danach“

tsch. *qin* „anderer“
ing. *qe* „anderer“
bats. *qena'* „anderer, nächster, folgender“

tsch. *qin* „Frau des Schwagers, Schwägerin“
ing. *qi* „Schwiegertochter“

tsch. *qi'na* „erwachsen“
ing. *qīna* „erwachsen“

tsch. *qī* „Schafhürde, Gehege, Einfriedung“
ing. *qī* „Schafhürde, Gehege, Einfriedung“

tsch. *qīla* „führen“
ing. *qūla* „führen“

tsch. *qīsa* „werfen, schießen, schleudern“
ing. *qūsa* „werfen, schießen, schleudern“
bats. *qepsar* „werfen, schießen“

tsch. *qīsa-K-ala* „springen, hüpfen“
ing. *qūsa-K-ala* „springen, hüpfen“

bats. *qeps-K-alar* „springen, hüpfen“

tsch. *qjeta, qeta* „ersteigen, hingehen, gelangen, begegnen“
ing. *qjeta, qeta* „ersteigen, hingehen, gelangen, begegnen“
bats. *qet:ar* „aufstehen, sich erheben“

tsch. *qjexka, qexka* „kochen, brodeln“
ing. *qexka* „kochen, brodeln“
bats. *qexḳar* „kochen, sieden“

tsch. *qjēḥa, qēḥa* „schleppen, schleifen, führen, bringen, holen“
ing. *qaḥa* „schleppen, schleifen, führen, bringen, holen“
bats. *qeḥar* „schleppen, holen, hertragen“

tsch. *qjēra, qēra* „Stein“
ing. *qjēra, qēra* „Stein“
bats. *qer* „Stein“

tsch. *qjēra, qēra* „bange sein, sich fürchten“
ing. *qera* „bange sein, sich fürchten“
bats. *qerl'ar* „Angst haben, sich fürchten“

tsch. *qjēta, qēta* „wissen, verstehen, begreifen“
ing. *qjeta, qeta* „wissen, verstehen, begreifen“
bats. *qetar* „wissen, verstehen, begreifen“

tsch. *qo* „Rindermist“
ing. *qo* „Rindermist“
bats. *qo* „getrockneter Mist“

tsch. *qoō* „hüten, bewahren, schonen, sparen“
ing. *qo-K-e* „hüten, bewahren, schonen, sparen“
bats. *qu'-K-ar* „sparen, aufbewahren, behüten; verwöhnen, verhätscheln“

tsch. *qoqa* „Taube“
ing. *qoq* „Taube“
bats. *qawqw, qoq* „Taube“

tsch. *qovda* „ausstrecken, berühren, anfassen, hinstrecken“
bats. *qaṗṭar* „hinreichen, hinlangen, erreichen“, *qeṗṭar* „erreichen, erlangen, fassen, packen“

tsch. *qo'* „drei"
ing. *qo'* „drei"
bats. *qo* „drei"

tsch. *qōba* „Trichine"
ing. *qop* „Trichine"
bats. *qaŭp̌ŭ* „Wurm, Raupe"

tsch. *qŏ* „weiße Bohne"
ing. *qe* „weiße Bohne"
bats. *qog* „Erbse"

tsch. *qwol:a* „schaffen, umwerfen"
ing. *qwol:a* „schaffen, umwerfen"
bats. *qol:ar* „zukommen lassen, zuteil werden lassen"

tsch. *qwor, qor* „Birne"
ing. *qwor, qor* „Birne"
bats. *qor* „Apfel"

tsch. *qwos:a* „werfen, schießen"
ing. *qwos:a* „werfen, schießen"
bats. *qosar* „werfen, schießen"

tsch. *qwoxka* „schütten, zuschütten"
ing. *qwoxka* „schütten, zuschütten"

tsch. *q̇a* „Sünde"
ing. *q̇a* „Sünde"
bats. *q̇a* „Sünde"

tsch. *q̇ada, q̇eda* „schimmern, ausschauen, erscheinen", *q̇ēda* „flimmern, blinken"
ing. *q̇eda* „schimmern, erscheinen"

tsch. *q̇ada* „herausschauen, hervorblicken"
bats. *q̇aṭ:-K-ar* „aufklappen, öffnen [Augen]"

tsch. *q̇aḥ* „Dunst, Qualm, Gestank, Stickluft"
ing. *q̇aḥ* „Hitze"

tsch. *q̇amq̇arg* „Kehle"

ing. *q̇amarg* „Kehle“

tsch. *q̇asta* „sich trennen, sich absondern“
ing. *q̇asta* „sich trennen, sich absondern“
bats. *q̇asṭar* „sich entfernen“

tsch. *q̇axk* „Feldahorn“
ing. *q̇oaxk* „Feldahorn“

tsch. *q̇axka* „zurückfahren, zurückschrecken vor Angst“
ing. *q̇axka* „zurückfahren, zurückschrecken vor Angst“
bats. *q̇exḳ-K-ar* „behindern, hindern, stören“

tsch. *q̇až* „Riedgras“
ing. *q̇aǯ* „Riedgras“

tsch. *q̇aǯa, q̇ēǯa* „lächeln“
ing. *q̇aǯa* „lächeln“

tsch. *q̇äḥa* „bitter“
ing. *q̇aḥa* „bitter“
bats. *q̇aḥẽ* „bitter“

tsch. *q̇ēga* „glänzen, strahlen, funkeln“
ing. *q̇ega* „glänzen, strahlen, funkeln“

tsch. *q̇ēna* „alt“
ing. *q̇äna* „alt“
bats. *q̇ajnĭ* „alt, greis“

tsch. *q̇ig* „Krähe“
ing. *q̇ajg* „Krähe“
bats. *q̇o'* „Krähe“

tsch. *q̇īla* „drücken“
ing. *q̇ūla* „drücken“

tsch. *q̇īsa* „streiten, zanken“
ing. *q̇ūsa* „streiten, zanken“

tsch. *q̇jēn, q̇ēn* „arm“

ing. *q̇jē* „arm“
bats. *q̇ẽ* „mager, dürr, arm“

tsch. *q̇jēq̇a, q̇ēq̇a, q̇ovq̇a* „donnern“
ing. *q̇ūq̇a* „donnern“
bats. *q̇eṗq̇ar, q̇aṗq̇ar* „donnern“

tsch. *q̇oarʒa* „bunt“
ing. *q̇oarʒa* „bunt“
bats. *q̇arç̣ẽ* „farbig, bunt“

tsch. *q̇ora* „taub“
ing. *q̇ora* „taub“
bats. *q̇or-K-ar* „taub machen, betäuben“

tsch. *q̇owla, q̇wowla* „pressen, drücken, schließen“, *dωa-q̇owla* „zudecken, bedecken, schließen“
ing. *q̇owla, q̇wowla* „pressen, drücken, schließen“, *dωa-q̇owla* „zudecken, bedecken, schließen“
bats. *q̇op-K-ar* „zudecken, bedecken, schließen“

tsch. *q̇urd* „Schluck“
ing. *q̇urd* „Schluck“

tsch. *q̇ū* „Dieb“
ing. *q̇ū* „Dieb“
bats. *q̇u* „Dieb“

tsch. *q̇ülg* „Butterfaß“
ing. *q̇ulg* „Butterfaß“

tsch. *q̇wora* „Hagel“
bats. *q̇ar* „Regen“

tsch. *q̇wōna* „jung“
ing. *q̇ona* „jung“
bats. *q̇onõ* „jung“

r

tsch. *raγ* „niedrige Bergkette, flacher Bergrücken"
ing. *arγa* „niedrige Bergkette, flacher Bergrücken"

tsch. *roka* „Fell"
ing. *roka* „Fell"

s

tsch. *sa* „Seele, Sehkraft, Licht"
ing. *sa* „Seele, Sehkraft, Licht"
bats. *sa* „Seele"

tsch. *sa* „Ecke, Rand"
ing. *sa* „Ecke, Rand"

tsch. *saca* „stehenbleiben, aufhören, bleiben"
ing. *saca* „stehenbleiben, aufhören, bleiben"

tsch. *sadan* „dunkeln"
bats. *sadar* „die Nacht zubringen, über Nacht wach bleiben, nächtigen"

tsch. *sagal* „Floh"
ing. *sagal* „Floh"
(?) bats. *psiḳ* „Floh"

tsch. *saj* „Hirsch"
ing. *saj* „Hirsch"
bats. *sag* „Hirsch"

tsch. *salaz* „Schlitten"
ing. *soaloz* „Schlitten"

tsch. *sardam* „Fluch"
ing. *sardam* „Fluch", *serda* „fluchen"
bats. *sarṭar, serṭar* „fluchen"

tsch. *sat:a* „sich neigen, sich beugen, sich krümmen“, *set:a* „biegsam, geschmeidig“, *set:ō* „biegen, beugen, krümmen“
ing. *sat:a* „sich neigen, sich beugen, sich krümmen“, *set:a* „biegsam, geschmeidig“, *sot:a-K-e* „biegen, beugen, krümmen“

tsch. *sālor* „Marder“
ing. *soalar* „Marder“

tsch. *sāra* „Rute, Gerte“
ing. *särg* „Rute, Gerte“

tsch. *sema* „Achse“
ing. *soa* „Achse“

tsch. *sema* „wachsam, munter, frisch“
ing. *soma* „wachsam, munter, frisch“

tsch. *sēsa* „Kaulquappe“
ing. *säsa* „Wasserfloh“

tsch. *sirla* „hell, klar“
ing. *sīrda* „hell, klar“

tsch. *sixo* „schnell“
ing. *sixo* „schnell“

tsch. *sīsa* „umherstreifen“
ing. *sūsa* „umherstreifen“

tsch. *sīsara* „gestern abend oder nacht“
ing. *sīsara* „gestern abend oder nacht“

tsch. *sjesag, sjegal* „Ehefrau“
ing. *sjesag* „Ehefrau“

tsch. *sjēda* „Stern“
ing. *sjedq̇a* „Stern“

tsch. *sos* „Roggen“
ing. *sos* „Roggen“

tsch. *stag* „Mensch“
ing. *sag* „Mensch“
bats. *sṭaḳ* „Mensch“

tsch. *steš* „Kornelkirschstrauch“
ing. *esteš* „Kornelkirschstrauch“

tsch. *stē* „Ehefrau, Weibchen“, *stū* „Fürstin“
ing. *sū* „Fürstin“
bats. *psṭu* „Ehefrau“

tsch. *stigal* „Himmel“
ing. *sigaljē* „Himmel“

tsch. *stim* „Galle“
ing. *sim* „Galle“

tsch. *stom* „Frucht“
ing. *som* „Frucht“

tsch. *stoxka* „im vergangenen Jahr“
ing. *soaxk* „im vergangenen Jahr“
bats. *sṭaŭxḳŭ* „im vergangenen Jahr“

tsch. *stu* „Stier, Ochse“
ing. *ust* „Stier, Ochse“
bats. *psṭu* „Stier, Ochse“

tsch. *stwo* „Meißel“
ing. *oast, osta* „Meißel“
bats. *sṭo* „Meißel“

tsch. *stwomma* „dick“
ing. *soma* „dick“
bats. *sṭamĩ* „dick“

tsch. *suj* „Funke“
ing. *sī* „Funke“
bats. *suj* „Glut“

tsch. *süjrjē* „Abend“, *saraḥ* „abends“

ing. *sajrje* „Abend“
bats. *psarlo* „Abend“

tsch. *swo* „ich“
ing. *swo* „ich“
bats. *so* „ich“

tsch. *swonta* „dumm“
ing. *sonta* „dumm“

tsch. *swowsa* „säuern, aufgehen [vom Teig]“
ing. *swowsa* „säuern, aufgehen [vom Teig]“
bats. *sapsar* „anschwellen, sich aufblähen, aufgehen [vom Teig]“, *sepsar* „sich aufblähen; aufgehen/treiben [vom Teig]“

tsch. *ša* „Eis“
ing. *ša* „Eis“
bats. *pša* „Eis“

tsch. *ša* „Spanne“
ing. *šu* „Spanne“
bats. *še* „Spanne“

tsch. *šač* „Schilf, Binse“
ing. *šarš* „Schilf, Binse“

tsch. *šad* „Knoten“
ing. *šod* „Knoten“
bats. *šaṭ* „Knoten“

tsch. *šada* „Heugabel“
ing. *šoda* „Heugabel“
bats. *šaṭ* „Forke, Gabel, Heugabel“

tsch. *šalxa* „zweifach, doppelt“, *šalxa-K-et:a* „doppelt zusammenlegen“
ing. *šolxa* „zweifach, doppelt“
bats. *šatxelĩ* „zweifach, doppelt“, *šatx K-erçar* „sich krümmen, sich beugen, gebeugt werden“

tsch. *šar* „Buttermilch“
ing. *šar* „Buttermilch“

bats. *šar* „Buttermilch“

tsch. *šarša* „abgleiten, rollen, rutschen“
ing. *šarša* „abgleiten, rollen, rutschen“

tsch. *šat, šet* „Speichel, Spucke“
ing. *šod* „Speichel, Spucke“
bats. *šatŏ* „Speichel, Spucke“

tsch. *šaṭq̇a* „Wiesel“
ing. *šurṭq̇a* „Wiesel“

tsch. *šā* „selbst“
ing. *še* „selbst“
bats. *šarõ* „selbst“

tsch. *šārolg* „Tausendfüßler“
ing. *šarap* „Tausendfüßler“

tsch. *šelx* „eine Strauchart“
ing. *šolx* „eine Strauchart“

tsch. *šēbu, šöp* „eine Art Bärlauch“
ing. *šüp* „eine Art Bärlauch“

tsch. *šēra* „glatt, eben“
ing. *šära* „glatt, eben“
bats. *šarẽ* „glatt, flach, eben, gerade“

tsch. *šim* „Euter“
ing. *šim* „Euter“
bats. *šĩ* „Euter“

tsch. *šira* „alt“
ing. *šira* „alt“
bats. *širĩ* „alt“

tsch. *ši’* „zwei“
ing. *ši’* „zwei“
bats. *ši* „zwei“

tsch. *šīla* „kalt“
ing. *šīla* „kalt“
bats. *pšelī* „kalt“

tsch. *šo* „Steinbockweibchen“
ing. *šun* „Steinbockweibchen“
bats. *šũ* „Steinbockweibchen, Bergziege, Hirschkuh“

tsch. *šok* „Pfeifen, Pfiff“
ing. *šok* „Pfeifen, Pfiff“

tsch. *šowda* „Quelle“
ing. *šowda* „Quelle“

tsch. *šu* „ihr“
ing. *šu* „ihr“
bats. *šu* „ihr“

tsch. *šun* „runder Tisch“
ing. *šu* „runder Tisch“

tsch. *šura* „Milch“
ing. *šura* „Milch“
bats. *šur* „Milch“

tsch. *šū* „Hügel, Erhebung“
ing. *šū* „Hügel, Erhebung“

tsch. *šū* „eine Art Bärlauch“
ing. *šū* „eine Art Bärlauch“

tsch. *šǖra* „weit, breit“
ing. *šera* „weit, breit“
bats. *šorī* „weit, breit“

tsch. *šwo* „Jahr“
ing. *šu* „Jahr“
bats. *šo* „Jahr“

tsch. *šwō* „Labmagen“
ing. *šoa* „Labmagen“

bats. *šaw* „Labmagen“

t

tsch. *taba, tēba* „sich heranschleichen“
ing. *taba* „sich heranschleichen“

tsch. *taj* „Faden“
ing. *ta* „Faden“

tsch. *tal* „Pappel“
ing. *tälg* „Klotz, Keil“

tsch. *talxa* „verderben“
ing. *tolxa-K-e* „verderben“

tsch. *tal:a* „erforschen, erkunden, jagen“
ing. *tal:arxo* „Jäger, Sucher“

tsch. *tan* „sich versöhnen“
ing. *tan* „sich versöhnen“

tsch. *taqa* „kriechen“, *tēqa, tjēqa* „kriechen“, *teqo* „schleppen, schleifen“
ing. *taqa* „kriechen“, *teqa, tjeqa* „kriechen“, *teqa-K-e* „schleppen, schleifen“
bats. *taqar* „sich davonschleppen, wegkriechen“, *teqar* „sich schleppen, kriechen, krabbeln, klettern“

tsch. *taqa* „ersetzen, bezahlen, eine Krankheit überstehen”
ing. *taqa* „ersetzen, bezahlen, eine Krankheit überstehen“
bats. *teqar* „abnehmen, abschöpfen; erleiden, ertragen, überstehen“

tsch. *tarx* „Fels, Klumpen, Scholle“
ing. *tarx* „Fels, Steinblock“

tsch. *tasa* „säen, bestreuen, werfen“
ing. *tas:a* „säen, bestreuen, werfen“
bats. *tasar* „hinabwerfen, abwerfen“

tsch. *tata* „Pochen, Klopfen, Poltern, Krachen“

ing. *tata* „Pochen, Klopfen, Poltern, Krachen"

tsch. *tat:a* „stoßen"
ing. *tat:a* „stoßen"
bats. *tat:-K-ar* „hinbewegen, hinrücken", *tet:-K-ar* „hinziehen, hinrücken"

tsch. *taxana* „heute"
ing. *taxan* „heute"
bats. *txa* „heute"

tsch. *taxka* „wanken, schwanken"
ing. *tarka* „wanken, schwanken"
bats. *tark-K-ar* „wiegen, schaukeln", *terkar* „schaukelnd laufen", *terk-K-ar* „wiegen, schaukeln"

tsch. *taxka* „auflegen, darauflegen, hinlegen, aufsetzen, bedecken, begleichen"
bats. *taxḳar* „[Holz] nachlegen, feuern; daraufstreuen"

tsch. *ta'a* „sich drücken, sich anlehnen, sich beugen"
ing. *ta'a* „sich drücken, sich anlehnen, sich beugen"

tsch. *tā-K-an, tō-K-an* „flicken, ausbessern, instandsetzen; versöhnen, befrieden"
ing. *toa-K-e* „flicken, ausbessern, instandsetzen"

tsch. *tātwol* „Bach, Zufluß, Kanal"
ing. *toatol* „Bach, Zufluß, Kanal"

ing. *teda* „schneiden"
bats. *teṭar* „schneiden, verwunden"

tsch. *tera* „ähnlich"
ing. *tara* „ähnlich"
bats. *tarl'enŏ* „ähnlich"

tsch. *tersa, tjersa* „wiehern"
bats. *tersar* „wiehern", *tars-K-ar* „wiehern lassen"

tsch. *texkō* „ziehen, schleppen"
ing. *texka-K-e* „ziehen, schleppen"

tsch. *tēga, tjēga* „nähen"

ing. *tega, tjega* „nähen“
bats. *tak̦ar* „flicken, anheften, nähen“

tsch. *tēla* „zahlen, bezahlen“
bats. *tel'ar* „geben; füttern“

tsch. *tēqō* „ziehen, zerren, schleppen“
ing. *teqa-K-e* „ziehen, zerren, schleppen“
bats. *teq-K-ar* „ziehen, zerren, schleppen“

tsch. *tēq̇a* „klagen, bitten, flehen“
bats. *teq̇ar* „bitten, flehen“

tsch. *tēša, tjēša* „sich überzeugen lassen, glauben“
ing. *teša, tješa* „sich überzeugen lassen, glauben“
bats. *tešar* „glauben, vertrauen“

tsch. *tḥowsa* „schlummern, einschlafen“
ing. *tḥowsa* „schlummern, einschlafen“
bats. *toḥar* „schläfrig werden, einschlafen“

tsch. *tḥoz* „Knöchel“
ing. *tḥīmaz* „Knöchel“

tsch. *tḥum* „Maiskolben“
ing. *tum* „Mark/Inneres einer Pflanze“

tsch. *tila* „sich verirren, verrückt werden, entgleiten“
ing. *tila* „sich verirren, verrückt werden, entgleiten“
bats. *til'ar* „verfehlen, verpassen, versäumen; sich lösen, abgehen“

tsch. *til:a* „auflegen, anziehen, satteln, bauen“
ing. *til:a* „auflegen, anziehen, satteln, bauen“
bats. *til:ar* „[Holz] zulegen, feuern“

tsch. *tiša* „alt“
ing. *tiša* „alt“
bats. *tišī* „alt“

tsch. *tīna* „still, ruhig“
ing. *tīna* „still, ruhig“

bats. *tivar* „sich beruhigen, still/ruhig werden“

tsch. *toq* „satt“
ing. *toq* „satt“

tsch. *tovxa* „Ofen im Gebirge, Kamin“
ing. *tov* „Glut“

tsch. *to'al* „genug, ausreichend“
ing. *to'al* „genug, ausreichend“
bats. *toq̇ar* „genug sein, genügen“

tsch. *tōba* „Haufen, Schar“
ing. *toaba* „Haufen, Schar“

tsch. *tōla* „siegen, besiegen“
ing. *tola* „siegen, besiegen“
bats. *tolar* „übertreffen, bezwingen, besiegen“

tsch. *tōxa, twōxa* „schlagen, stoßen, treffen“
ing. *toxa, twoxa* „schlagen, stoßen, treffen“
bats. *toxar* „schlagen, hineinbohren, treffen“

tsch. *tōγē* „Tal“
ing. *ataγe* „Tal“

tsch. *tök* „Nachttopf“
ing. *tek* „Nachttopf“

tsch. *tuj* „Spucke, Speichel“
ing. *tug* „Spucke, Speichel“
bats. *tuj* „Spucke, Speichel“

tsch. *tuqam* „Stamm, Sippe, Geschlecht“
ing. *tuqam* „Stamm, Sippe, Geschlecht“

tsch. *tūsa* „hämmern, schmieden“
ing. *tūsa* „hämmern, schmieden“

tsch. *tüta* „Schädel“
ing. *titi* „Schädel“

tsch. *tüxa* „Salz“
ing. *tux* „Salz“
bats. *tujxĭ* „Salz“

tsch. *twoqam* „Erdrutsch“
ing. *twoqam* „Erdrutsch“

tsch. *twō* „Hammel“
ing. *toa* „Hammel“
bats. *tawbŭ* „Hammel“

tsch. *txa* „Wolle“
ing. *txa* „Wolle“
bats. *txe* „Wolle, Herbstwolle“

tsch. *txi* „Tau, Tautropfen“
ing. *txir* „Tau, Tautropfen“
bats. *txir* „Reif, Rauhreif“

tsch. *txow* „Decke, Dach“
ing. *txow* „Decke, Dach“

tsch. *txwo* „wir“ (Exklusiv)
ing. *txwo* „wir“ (Exklusiv)
bats. *txo* „wir“ (Exklusiv)

tsch. *ṭa* „Vorderbein, Schulter“
ing. *ṭa* „Vorderbein, Vorderpfote“
bats. *ṭa* „Schulter“

tsch. *ṭaj* „Brücke“
ing. *ṭī* „Brücke“
bats. *ṭiv* „Brücke, Steg“

tsch. *ṭalg, ṭelg* „Finger“
ing. *ṭelg* „Finger“
bats. *ṭarḳ* „Finger“

tsch. *ṭam* „Flügel“
ing. *ṭq̇am* „Flügel“

tsch. *ṭanḳ-äl:a* „dicht, eng, gedrängt"
ing. *ṭang-änna* „übervoll, dicht, gedrängt"
bats. *ṭanḳ-ṭarḳ* „kleiner Finger"

tsch. *ṭāra* „Handfläche mit gespreizten Fingern"
ing. *ṭoara* „Handfläche mit gespreizten Fingern"
bats. *ṭarŏ* „Ohrfeige, Handfläche mit gespreizten Fingern"

tsch. *ṭāra* „Brustwarze, Zitze"
ing. *ṭar* „Frauenbrust"
bats. *ṭar* „Frauenbrust"

tsch. *ṭäḥjē* „Nachkomme, Nachfolge"
ing. *ṭeḥe* „Nachkomme, Nachfolge"

tsch. *ṭe-* „auf-, hinauf-", *ṭē* „Oberfläche"
ing. *ṭe* „Oberfläche"
bats. *ṭea* „Höhenrücken"

tsch. *ṭeḥa* „hinten", *ṭeḥje* „Gesäß"
ing. *ṭeḥa* „hinter", *ṭeḥe* „Gesäß"
bats. *ṭq̇ujḥĕ* „hinten, hinter", *ṭq̇üjḥa* „Gesäß"

tsch. *ṭen* „Penis"
ing. *ṭen* „Penis"
bats. *ṭẽ* „Penis"

tsch. *ṭēda, ṭadẽ* „naß, feucht", *ṭadam* „Regentropfen"
ing. *ṭā̈da* „naß, feucht", *ṭadam* „Regentropfen"
bats. *ṭaṭẽ* „naß, feucht"

tsch. *ṭēda* „Fleck, Sommersprosse"
ing. *ṭäd* „Fleck, Sommersprosse"

tsch. *ṭēqa* „Bottich zur Käsebereitung"
ing. *ṭaqa* „Bottich zur Käsebereitung"

tsch. *ṭīrig* „Strick, Seil"
ing. *ṭωirg* „Strick, Seil"

tsch. *ṭo* „Steinschutt, Schotter, Pflasterstein"

ing. *ṭo* „Steinschutt, Schotter, Pflasterstein“

tsch. *ṭod* „Pferdebremse“
bats. *ṭuṭ* „Fliege“

tsch. *ṭq̇a* „zwanzig“
ing. *ṭq̇o* „zwanzig“
bats. *ṭq̇a* „zwanzig“

tsch. *ṭq̇arš* „Schlamm, Dreck“
ing. *ṭarš* „Schlamm, Dreck“
bats. *ṭωaḳ* „Schlamm, Morast“

tsch. *ṭq̇es* „Gewitter, Donner und Blitz“
ing. *ṭoa, do'* „Gewitter, Blitz und Donner“

tsch. *ṭq̇ow* „Schneeregen“
ing. *ṭq̇ow* „Schneeregen“

tsch. *ṭulg* „Stein“
ing. *ṭo* „steinern“ (vgl. tsch. *ṭo* „Steinschutt“)

tsch. *ṭum* „Knochenmark, Nußkern“
ing. *ṭum* „Knochenmark, Hirn, Nußkern“
bats. *ṭum* „Knochenmark, Nußkern“

tsch. *ṭunal:a* „Feuchtigkeit“
ing. *ṭuna* „feucht, naß“
bats. *ṭvĩ* „Tau, Tautropfen“

tsch. *ṭwod* „Pfote“
ing. *ṭwod* „Pfote“
bats. *ṭoṭ* „Pfote“

tsch. *ṭwom* „Krieg, Kampf“
ing. *ṭom* „Krieg, Kampf“

tsch. *ṭwō* „saure Sahne“
ing. *ṭoa* „saure Sahne“
bats. *ṭaw* „saure Sahne“

u

tsch. *u* „Brett“
ing. *uj* „Holzfußboden“, *ulg* „Brett“

tsch. *ula* „heulen [vom Wolf]“
ing. *ūla* „heulen [vom Wolf]“

tsch. *ul:o, uline* „nahe, nahe bei, benachbart“, *ula* „überübermorgen“
ing. *ulū* „nahe, nahe bei, benachbart“
bats. *ulo* „überübermorgen“

tsch. *ulx* „Honigwabe“
ing. *ulx* „Honigwabe“

tsch. *ulx* „Zwickel [im Kleid], Einsatzstück“
bats. *utxŏ* „Stück, Bruchstück“

tsch. *un, ũ* „Seuche, Pest“
ing. *u* „Seuche“

tsch. *K-uq̇a* „zustopfen, zuschütten, hineinstecken“
ing. *K-iq̇a* „zustopfen, zuschütten, hineinstecken“
bats. *K-uq̇ar* „hineinstecken, einspießen, hineinbohren“

tsch. *urd* „Anteil, Bodenparzelle“
ing. *urd* „Anteil, Bodenparzelle“

tsch. *urs* „Messer“
ing. *urs* „Messer“

tsch. *K-usta* „messen, vergleichen“
ing. *K-ista* „messen, vergleichen“
bats. *K-usṭar* „messen, vermessen, ausmessen“

tsch. *K-uṭq̇a* „dünn“
ing. *K-iṭq̇a* „dünn“
bats. *K-uṭq̇ĩ* „dünn“

tsch. *K-ux* „Grund, Boden“

ing. *K-ux* „Grund, Boden“
bats. *b-ux* „Grund, Boden“

tsch. *K-uxa* „wieder, nochmals“
ing. *K-uxa* „wieder, nochmals“
bats. *K-uxa'* „wieder, nochmals“, *K-ux* „zurück“

tsch. *K-uʒa* „füllen, laden, vollstopfen“
ing. *K-iʒa* „füllen, laden, vollstopfen“
bats. *K-uçar* „sich füllen, sich sättigen“

tsch. *uγa* „heulen [vom Wolf]“
ing. *ūγa* „heulen [vom Wolf]“
bats. *K-uγar* „schreien, rufen, brüllen“

tsch. *K-ūca* „flechten“
ing. *K-ūca* „flechten“
bats. *K-opcar* „flechten, weben“

tsch. *K-ūla* „ziehen, strecken, spannen“
ing. *K-ūla* „ziehen, strecken, spannen“

tsch. *K-ūsa* „mit Luft füllen, pumpen, wehen, blasen, aufblasen“
ing. *K-ūsa, K-uvsa* „mit Luft füllen, pumpen, wehen, blasen, aufblasen“
bats. *K-opsã* „mit Luft füllen, aufblasen, aufblähen“

tsch. *K-ūxa* „bekleiden, anziehen“
ing. *K-ūxa* „bekleiden, anziehen“
bats. *K-opxã* „bekleiden“

tsch. *üjṭjē* „Hof“
ing. *üjṭjē* „Hof“

tsch. *K-üq̇a* „dick, dicht“
ing. *K-iq̇a* „dick, dicht“
bats. *K-uq̇ĩ* „dick, dicht“

v

tsch. *vaj* „wir“ (Inklusiv)
ing. *vaj* „wir“ (Inklusiv)
bats. *vaj* „wir“ (Inklusiv)

tsch. *varje* „Hüfte“
ing. *worū* „Hüfte“

tsch. *vaša* „Bruder“
ing. *woša* „Bruder“
bats. *vašŏ* „Bruder“

tsch. *verta* „Filzumhang“
ing. *ferta* „Filzumhang“

tsch. *vŏda* „flach, platt, oval“
ing. *veda* „flach, platt, oval“

w

tsch. *won* „schlecht“
ing. *wo* „schlecht“

tsch. *worh* „sieben [Zahl]“
ing. *worh* „sieben“
bats. *worl'* „sieben“

tsch. *K-wot:a* „eingießen, schütten, eintauchen, legen“
ing. *K-wot:a* „eingießen, schütten, eintauchen, legen“
bats. *K-ot:ar* „eingießen, einschenken“

tsch. *wo', vo'* „Sohn“
ing. *wo', vo'* „Sohn“
bats. *voḥ* „Sohn“

tsch. *wōrta* „Genick, Hals“
ing. *foart* „Genick, Hals“

tsch. *K-wōža* „fallen“
ing. *K-woža* „fallen“
bats. *K-ožar* „umfallen, stürzen“

tsch. *K-wōža* „anspannen“
ing. *K-woža* „anspannen“
bats. *K-ožar* „anschirren, einfädeln, auffädeln“

tsch. *wōʒa* „ziehen, spannen, rauchen“, *īʒa* „ziehen, zerren, schleppen“
ing. *oʒa* „ziehen, spannen, rauchen“, *ūʒa* „ziehen, zerren, schleppen“
bats. *oc̣ar* „ziehen, spannen, rauchen“

tsch. *K-wōʒa* „weben“
ing. *K-ūʒa* „weben“
bats. *K-oc̣ar* „binden, anbinden“

tsch. *wōʒa* „wiegen“
ing. *oʒa* „wiegen“
bats. *oc̣ar* „abwiegen“

tsch. *K-wōγa* „hinsetzen, einstellen“ (*la d-wōγ-a* „hören“)
ing. *K-wōγa* „hinsetzen, einstellen“ (*la d-wōγ-a* „hören“)
bats. *K-oγar* (*la d-oγ-ar* „hören“)

X

tsch. *xa* „Seite, Hüfte“
ing. *xa* „Seite, Hüfte“
bats. *xa* „Schenkel, Hüfte“

tsch. *xa* „Bewachung, Schutz“
ing. *xa* „Bewachung, Schutz“

tsch. *xaa* „erfahren, wissen, können“
ing. *xa* „erfahren, wissen, können“
bats. *xa'ar* „erkennen, erfahren, wissen“, *xe'ar* „erkennen, erfahren, bemerken, wissen“

tsch. *xaa* „sich setzen“

ing. *'oxa* „sich setzen“
bats. *xe'-K-ar* „setzen, Platz nehmen lassen“, *xa'ar, xe'ar* „sich setzen“, *xo'-K-ar* „setzen, hinsetzen, pflanzen“

tsch. *xala* „schwer, schwierig“
ing. *xala* „schwer, schwierig“

tsch. *xalxa-K-āla* „tanzen“
ing. *xalxa-K-ala* „tanzen“

tsch. *xar* „Loch, Höhlung“
ing. *xara* „Loch“
(?) bats. *xarŏ* „Grube“

tsch. *xarca* „umdrehen, sich umdrehen“
ing. *xarca* „umdrehen, sich umdrehen“
bats. *xarcar* „tauschen, ändern, wechseln“, *xerc-K-ar* „ändern, wechseln“, *xercar* „tauschen“

tsch. *xarš* „Spur, Falte, Runzel, Furche, Flußbett“
ing. *xarš* „Spur, Falte, Runzel, Furche, Flußbett“

tsch. *xarǯa* „wählen“
ing. *xarǯa* „wählen“

tsch. *xas* „Beet“
ing. *xes* „Beet“

tsch. *xat:* „Schmutz, Schlamm, Dreck“
ing. *xot:a* „Schmutz, Schlamm, Dreck“

tsch. *xat:* „Taille“
ing. *xat:* „Taille“

tsch. *xat:a* „fragen“
ing. *xat:a* „fragen“
bats. *xaṭ:a* „fragen“, *xeṭ:ar* „fragen“

tsch. *xaxka* „sich rollen, hüpfen, springen“, *xexka* „rollen, wälzen“
ing. *xaxka* „sich rollen, hüpfen, springen“, *xexka* „rollen, wälzen“

bats. *xaxḳar* „galoppieren lassen, anspornen", *xexḳar* „galoppieren lassen, anspornen"

tsch. *xaʒa* „hören"
ing. *xaʒa* „hören"
bats. *xaç̣ar* „hören, verstehen, begreifen"

tsch. *xāla* „verlieren, einbüßen, verlustig gehen"
bats. *xalar* „erlöschen, verlöschen, ausgehen", *xelar* „verlöschen, vergehen, sterben"

tsch. *xeča* „Hose"
ing. *xači* „Hose"

tsch. *xersi* „Ferkel"
ing. *xursk* „Ferkel"

tsch. *xestō* „loben, rühmen"
ing. *xoasta-K-e* „loben, rühmen"

tsch. *xešt* „Otter"
ing. *xešt* „Otter"

tsch. *xēda* „reißen, zerreißen, zerspringen, platzen, bersten"
ing. *xada* „reißen, zerreißen, zerspringen, platzen, bersten"
bats. *xeṭar* „zerreißen, zerplatzen, entzweigehen", *xeṭ-K-ar* „abreißen, zerreißen", *xiṭar* „zerplatzen, zerreißen, aufhören, versiegen, enden", *xiṭ-K-ar* „zerreißen, zersprengen"

tsch. *xēxō* „Wächter"
ing. *xäxo* „Wächter"

tsch. *xi* „Wasser, Fluß"
ing. *xī* „Wasser, Fluß"
bats. *xi* „Wasser, Quelle, Fluß"

tsch. *xila* „sein, bestehen, geschehen, in Erfüllung gehen"
ing. *xila* „sein, bestehen, geschehen"
bats. *xil'ar* „sein, werden, geschehen, widerfahren, haben"

tsch. *xinḳ* „Schluckauf, Schlucken"

ing. *ḥa'ingaš de* „Schluckauf/Schlucken haben"
bats. *ḥanḳditar* „Schluckauf/Schlucken haben"

tsch. *xinǯa* „Nisse"
ing. *xenǯa* „Nisse"
bats. *xinč̣* „Nisse"

tsch. *xīca* „ändern, wechseln"
ing. *xūca* „ändern, wechseln"

tsch. *xjen* „Balken, Stamm, Baum"
ing. *xi* „Baum, Klotz"
bats. *xẽ* „Baum"

tsch. *xjēca* „lassen"
ing. *xeca* „lassen"
bats. *xecar* „loslassen, freilassen"

tsch. *xjēta, xēta* „annehmen, vermuten, scheinen"
ing. *xeta* „annehmen, vermuten, scheinen"
bats. *xetar* „finden; denken, meinen"

tsch. *xoō* „enthalten, fassen, hineinlegen, unterbringen"
bats. *xo'ar* „hineinpassen, untergebracht werden"

tsch. *xorša* „Fieber"
ing. *xorša* „Fieber"
bats. *xorša'* „Fieber, Schüttelfrost"

tsch. *xowša* „sich setzen", *xowšō* „hinsetzen, pflanzen"
bats. *xabž-K-ar* „setzen, pflanzen", *xebž-K-ar* „Platz nehmen lassen, pflanzen", *xebžar* „sich setzen, sich niederlassen, Platz nehmen", *xobž-K-ar* „hineinzwängen, unterbringen"

tsch. *xowxa* „zart, frisch"
ing. *xowxa* „zart, frisch"
bats. *xapxar* „frisch, zart, jung, weich, schwach, hilflos, neugeboren"

tsch. *xox* „Zwiebel"
ing. *xox* „Zwiebel"

tsch. *xōjāxar* „Hopfen“
ing. *xo* „Hopfen“

tsch. *xōla* „Heuschober“
ing. *xol* „Heuschober“

tsch. *xur āla, xur bāsa* „schnauben, schnarchen“
ing. *xar/xarra jaxa* „schnarchen“
bats. *xur/xurxur* „Schnarchen“

tsch. *xū* „Zorn“
ing. *xū* „Zorn“

tsch. *xūda* „einsaugen“
ing. *xūda* „einsaugen“
bats. *xop̣ṭar* „einsaugen, gierig trinken“, *xep̣ṭar* „saugen, schlürfen, gierig trinken“

tsch. *xworsam* „Rettich“
ing. *xworcam* „Rettich“

tsch. *xwot:a* „verbinden, anbinden, anheften“
ing. *xot:a* „verbinden, anbinden, anheften“
bats. *xoṭ:ar* „heranstellen, anbauen, annähen, daran befestigen“, *xaṭ:ar* „haften, angeklebt/befestigt sein“, *xeṭ:ar* „dazustellen, annähen, befestigen“

ʒ

tsch. *ʒēʒig* „Blume“
ing. *ʒiʒa* „Blume“

tsch. *ʒil* „Linie, Grenze“
ing. *ʒωil* „flacher Stein zur Grenzmarkierung“

tsch. *ʒingat* „Ameise, Mücke“
ing. *ʒungat* „Ameise, Mücke“

tsch. *ʒirx* „Hoden“
ing. *ʒirx* „Hoden“

tsch. *ʒjen* „folgen, erproben“
ing. *ʒūza* „folgen, erproben“

tsch. *ʒu* „Igel“
ing. *ʒī* „Igel“

tsch. *ʒuda* „Frau“
ing. *ʒud* „Weibchen“

tsch. *ʒuʒ* „Jucken“
ing. *ʒūʒa* „jucken“

tsch. *ʒωara* „Flechtzaun“
ing. *ʒωar* „Flechtzaun“
bats. *zar* „Geflecht, Matte, Gitter“

tsch. *ʒωē* „Kette“
ing. *ʒωi* „Kette“

tsch. *ʒωok* „Schnabel“
ing. *ʒωok* „Schnabel“
bats. *zok* „Schnabel“

tsch. *ʒωūga* „Wespe“
ing. *ʒωokmoʒ* „Wespe“

tsch. *ǯarγa* „Schwein, Sau“
ing. *ǯarγa* „Schwein, Sau“

tsch. *ǯaγa* „Kies, Kiesel“
ing. *ǯaγa* „Kies, Kiesel“

tsch. *ǯim* „Niere“
ing. *ǯim* „Niere“
bats. *ži, žin* „Niere“

tsch. *ǯim* „eine Pilzart“
ing. *ǯim* „eine Pilzart“
bats. *žĩ* „eine Pilzart“

tsch. *ǯima* „klein, jung“

ing. *ǯωamiga* „klein, jung"
bats. *žomẽ* „klein, minderjährig"

tsch. *ǯiǯig* „Fleisch"
bats. *ǯiǯĭ* „Fleisch (Kindersprache)"

tsch. *ǯī* „Schaf"
ing. *ǯī* „Schaf"
bats. *že* „Schafe"

tsch. *ǯjēro, ǯjērwo* „Witwe"
ing. *ǯero* „Witwe"
bats. *žerŏ* „Witwe, Witwer"

tsch. *ǯŏla* „Schafhürde, Schafstall"
ing. *ǯel* „Schafhürde, Schafstall"

tsch. *ǯωäla* „Hund"
ing. *ǯωali* „Hund"

tsch. *ǯωov* „kleiner Hammer"
ing. ǯωov „kleiner Hammer"

γ

tsch. *γa* „Blatt"
ing. *γa* „Blatt"

tsch. *γad* „Körper, Rumpf"
ing. *γad* „Körper, Rumpf"

tsch. *γad* „Stiel, Stengel"
ing. *γad* „Stiel, Stengel"

ing. *γaj* „Linie, Grenze"
bats. *γa* „Seite, Flanke"

tsch. *γajγa* „Kummer, Gram"
ing. *γajγa* „Kummer, Gram"

tsch. *γala, γäla* „Hirschkuh“
ing. *γala, γal* „Hirschkuh“

tsch. *γam* „Zauberer, Hexe“
ing. *γam* „Zauberer, Hexe“

tsch. *γan* „Schlaf, Traum“
ing. *γa* „Schlaf, Traum“
bats. *γã* „Traum“

tsch. *γant* „Stuhl, Bank“
ing. *γand* „Stuhl, Bank“

tsch. *γara* „Lärm“, *γerγa* „heulen, brüllen“
ing. *γar* „Lärm“

tsch. *γaš* „zu Fuß; Seitwärtsschritt“, *γulč* „Schritt“
ing. *γa* „Schritt“

tsch. *γat:a* „aufstehen, sich erheben“
ing. *γat:a* „aufstehen, sich erheben“

tsch. *γaž* „Stock“
ing. *γaǯ* „Stock“
bats. *γoç̌* „Stock“

tsch. *γaγa* „Jacke, Kettenpanzer“
ing. *γaγ* „Jacke, Kettenpanzer“

tsch. *γāma* „Heuhaufen, Heuschober“
ing. *γama* „Heuhaufen, Heuschober“

tsch. *γārγuli* „Kranich“
ing. *γāraγura* „Kranich“

tsch. *γera* „Bande, Rotte“
ing. *γär* „Bande, Rotte“
bats. *γajrĭ* „Bündel, Gruppe, Haufen, Rotte“

tsch. *γēli* „Zinn“
ing. *γäli* „Zinn“

tsch. *γēlō* „Joch, Druck“
ing. *γelal* „Joch, Druck“

tsch. *γēnig* „kleine Laus“
ing. *γong* „kleine Laus“

tsch. *γirs* „Waffe“
ing. *γirs* „Waffe“

tsch. *γīla* „schwach, krank“
ing. *γīla* „schwach“
bats. *γelĩ* „schwach, kraftlos“

tsch. *γjerta, γerta, γorta* „nach etwas streben“
ing. *γerta* „nach etwas streben“

tsch. *γo* „Kufe, Schlittenkufe“
ing. *γo* „Kufe, Schlittenkufe“

tsch. *γo* „Hilfe, Unterstützung“
ing. *γo* „Hilfe, Unterstützung“

tsch. *γōli* „Erleichterung, Milderung, Linderung, Besserung“
ing. *γojle xilar* „Erleichterung, Milderung, Linderung, Besserung“
bats. *γal K-a* „gut sein, sich eignen“

tsch. *γōrō* „gefrieren, gefrieren lassen“, *γūra* „Frostboden“
ing. *γwōra* „Frostboden“
bats. *γor* „große Kälte, Frost“

tsch. *γömuq̇* „Speer“
ing. *γa* „Speer“

tsch. *γuj* „Riegel“
ing. *γuw* „Riegel“

tsch. *γum* „Sand“
ing. *γum* „Sand“

tsch. *γumγa* „Krug“
ing. *γumaγa* „Krug“

tsch. *γumdalγi* „Wanze“
ing. *γuldam* „Wanze“

tsch. *γū* „Brunnen“
ing. *γū* „Brunnen“

tsch. *γūd* „Strafe“
ing. *γwod* „Strafe“

tsch. *γwoγ* „Hüfte, Schenkel, Lende“
ing. *γwoγ* „Hüfte, Schenkel, Lende“

ʿ

tsch. *'a* „Winter“
ing. *'a* „Winter“
bats. *'a* „Winter“

tsch. *'ad* „Bogen [Waffe]“
ing. *'ad* „Bogen [Waffe]“
bats. *aṭq̇* „Bogen [Waffe]“

tsch. *'ajg* „Löffel“
ing. *'ag* „Löffel“
bats. *'abiḳ* „Löffel“

tsch. *'am* „See“
ing. *'am* „See“
bats. *'am* „See“

tsch. *'arǯa, 'ärǯa* „schwarz“
ing. *'arǯa, 'ärǯa* „schwarz“
bats. *'arç̌ī* „schwarz“

tsch. *'až* „Apfel“
ing. *'až* „Apfel“

tsch. *'a'a* „aufbewahrt werden, sich ansammeln“
ing. *'a* „aufbewahrt werden, sich ansammeln“

bats. *'u-K-ar* „sammeln, anhäufen, sparen“

tsch. *'āma* „lernen, begreifen“
ing. *'ama* „lernen, begreifen“
bats. *'am-K-ar* „gewöhnen, lernen“

tsch. *'āsa* „Stock“
ing. *'āsa* „Stock“

tsch. *'āxar* „Lamm“
ing. *'äxar* „Lamm“
bats. *axrob, axrub* „Jungschaf“

tsch. *'ä* „Dampf“
ing. *'i* „Dampf“
bats. *'a* „Dampf, Dunst“

tsch. *'ǟxō, 'ēxō* „betrügen“
ing. *'exa-K-e* „betrügen“
bats. *ax-K-ar* „belügen, betrügen“

tsch. *'en* „sitzen“
ing. *'e-* „stehen“
bats. *'e-K-axḳar, 'a-K-axḳar* „sitzen, stehen“

tsch. *'et:o* „erbrechen, kotzen“
ing. *'et:a-K-e* „erbrechen, kotzen“
bats. *eṭ:itar, aṭ:itar* „erbrechen, kotzen“

tsch. *'exa, 'axa* „brüllen, heulen, blöken, meckern“
ing. *'exa* „brüllen, heulen, blöken, meckern, bellen“
bats. *axar* „bellen“

tsch. *'il:a* „eine Zeitlang liegen“
ing. *al:a* „eine Zeitlang liegen“
bats. *K-il:ar* „legen, hinlegen“

tsch. *'in* „Schlucht“
bats. *'ĩ* „kleine Schlucht“

tsch. *'īša* „kauen“

ing. *'uwša* „kauen“
bats. *apšar* „kauen“

tsch. *'ī̃* „Schatten“
ing. *'i* „Schatten“
bats. *ẽ* „Schatten“

tsch. *'onǯar* „Milz“
ing. *'inǯarilg* „Milz“

tsch. *'ot:a, 'wot:a* „stechen, einbohren, einrammen, einstoßen“
ing. *'ot:a* „stechen, einbohren, einrammen, einstoßen“
bats. *ḥoṭ:ar* „hineinbohren, einspießen“

tsch. *'ov* „Hirse“
ing. *'ov* „Hirse“

tsch. *'owǯa* „stechen, brennen“
ing. *'owǯa* „stechen, brennen“

tsch. *'u* „Hirt“
ing. *'u* „Hirt“
bats. *'uv* „Hirt“

tsch. *'ujre* „Morgen“
ing. *'ujra* „Morgen“
bats. *'urdẽ* „morgens“, *'urdna* „Morgen“

tsch. *'ürg* „Bau, Loch, Höhle“
ing. *'urg* „Bau, Loch, Höhle“

tsch. *'ǖq̇ē* „Morgendämmerung“
ing. *'üjq̇ē* „Morgendämmerung“

ing. *K-ωäxa* „lang“
bats. *K-ax:ẽ* „lang“

VERZEICHNIS DER BEDEUTUNGEN